Kurzgeschichten auf Friesisch
Friesisch und Deutsch Nebeneinander

Vorwort

Willkommen zu diesem besonderen Buch mit Kurzgeschichten. In diesem Band finden Sie eine Sammlung von Geschichten, die sowohl auf Deutsch als auch auf Friesisch geschrieben sind. Auf jeder linken Seite finden Sie die Geschichte auf Deutsch, während die rechte Seite die Friesische Version der Geschichte enthält.

Dieses einzigartige Konzept wurde entwickelt, um Lesern beider Sprachen ein fesselndes Leseerlebnis zu bieten und gleichzeitig die Möglichkeit zu geben, ihre Sprachkenntnisse in Deutsch oder Friesisch zu verbessern. Ob Sie nun ein Muttersprachler einer dieser Sprachen sind oder ein begeisterter Sprachlernender, dieses Buch bietet Ihnen eine ausgezeichnete Gelegenheit, in die reiche Geschichtenwelt einzutauchen, die diese beiden Sprachen zu bieten haben.

Die Kurzgeschichten in diesem Band wurden sorgfältig ausgewählt, um eine breite Palette von Themen und Stilen zu bieten, damit jeder Leser etwas Interessantes und Spannendes finden kann. Von humorvollen Anekdoten bis hin zu berührenden Geschichten über Liebe, Freundschaft und Abenteuer wird diese Sammlung Sie sicherlich unterhalten und inspirieren.

Wir hoffen, dass Sie beim Lesen dieser Geschichten viel Freude haben werden und dass sie Sie dazu ermutigen, Ihre Entdeckungsreise in die Welt der deutschen und Friesischen Sprachen fortzusetzen. Tauchen Sie ein in diese faszinierenden Geschichten und lassen Sie Ihrer Vorstellungskraft freien Lauf, während Sie Ihre Sprachkenntnisse verbessern und Ihren Horizont erweitern.

Viel Spaß beim Lesen!

Inhaltsverzeichnis

6. Ein neuer Freund
8. Ein neues Abenteuer
10. Ein neues Zuhause
12. Ein Haus aus Süßigkeiten
14. Wie die Schildkröte ihre seltsame Schale bekam
16. Der Bauer und das Pferd
18. Der alte Mann und die grüne Flasche
20. Der Esel und der Hund
22. Der kluge Hase
24. Die Familie der Amseln
26. Der kleine Gärtner
28. Kleine Vogel und Rabe
30. Acht magische Bäume
32. Schwere Zeiten
34. John und das kleine Eichhörnchen
36. Die Geschichte des Mädchens mit den langen Haaren
38. Schmerzhafte Erfahrungen
40. Tom von den Schweinen
42. Die Meerjungfrau
44. Die Frau, die drei Männer will
46. Die Träumende Mädchen
48. Die beiden Brüder und der magische Vogel
50. Die Geschichte der Riesigen Bäume
52. Der Bär und der Hase
54. Die Verletzte Löwin
56. Zwei Brüder und das magische Samenkorn
58. Wind und Sonne
60. Die Schildkröte und das Kaninchen

62.	Die drei kleinen Schweinchen
64.	Die Drei Fische
66.	Drei bunte Freunde
68.	Die kluge Füchsin und ihre Tricks
70.	Die Magische Vogel
72.	Die kleine Mädchen und die Maus
74.	Geheimnis des Bauernhofs
76.	Der Magische Spiegel
78.	Die Frau und das Biest
80.	Ehrlichkeit zählt
82.	Die Dämmerung des Drachen
84.	Eine Unendliche Freundschaft
86.	Die drei Bären
88.	Eine nette Freundschaft
90.	Zuhause
92.	Das Schwert
94.	Die Geschichte eines weisen alten Mannes
96.	Später!
98.	Ein Vertrag mit dem Teufel
100.	Eine Schöne Blüte
102.	Das Ende der Welt
104.	Eine Lange Schlaf
106.	Gemeinsam wachsen
108.	Schuhe aus Glas
110.	Ameise und Elefant
112.	Eine neue Anfang
114.	Die Neugierige Leserin
116.	Zwei unterschiedliche Brüder
118.	Die weise alte Dame
120.	Geschichte des Honigtropfens
122.	Der Wolf und die Reiherin
124.	Das verzauberte Gans

Ein neuer Freund

Yasins Familie ist aus dem Irak nach England gezogen, um Sicherheit und Akzeptanz zu finden. In London hat Yasin seinen Nachbarn Andrew kennengelernt und sie wurden gute Freunde.

Yasins Englisch verbesserte sich, aber er war nervös wegen der Schule. Am ersten Tag begleitete Andrew ihn und gab ihm Mut. In der Schule wurde Yasin ein wenig gehänselt, aber Andrew verteidigte ihn und betonte die Wichtigkeit von Unterschieden.

Die Kinder begannen Yasin zu akzeptieren und ihn in Aktivitäten einzubeziehen. Yasins Selbstvertrauen wuchs und seine Freundschaft mit Andrew blühte auf. Sie lernten voneinander und ihre Bindung verkörperte den Wert von vielfältigen Freundschaften.

Dankbar für sein neues Leben und die Freundschaft mit Andrew schätzte Yasin die Möglichkeiten und persönliches Wachstum, die er in England erfahren hatte.

In Nije Freon

Yasin syn famylje ferhúze fan Irak nei Ingelân foar feiligens en akseptaasje. Yn Londen makke Yasin freonskip mei syn buorman, Andrew, en sy waarden tige goede freonen.

Yasin syn Ingelsk waard better, mar hy wie benaud foar skoalle. Andrew rûn mei him op 'e earste dei en joech fertrouwen. Op skoalle waard Yasin wat narre, mar Andrew ferdedige him en makke it belang fan ferskillen dúdlik.

De bern begûnen Yasin te akseptearjen en him yn aktiviteiten op te nimmen. Yasin syn betrouwen groeide en syn freonskip mei Andrew like goed. Sy learden fan elkoars eftergrûnen en harren bân wie in foarbyld fan de wearde fan ferskaat oan freonskippen.

Tankber foar syn nije libben en freonskip mei Andrew, wist Yasin de kânsen en persoanlike groei dy't er yn Ingelân belibbe te wurdearjen.

Ein neues Abenteuer

Sam saß am Flughafen und wartete auf seinen Koffer. Er war müde und fror, und er vermisste das warme Wetter seiner Heimat in Indien. Seine Familie war nach Paris gezogen, weil sein Vater dort einen Job bekommen hatte. Sam fühlte sich traurig, seine Freunde zurücklassen zu müssen.

Am Flughafen starrte ein Junge auf Sams Turban, was ihn unbehaglich machte. Schnell schnappte er sich einen Koffer, der wie seiner aussah, und ging weg. Als sie zu ihrem neuen Zuhause fuhren, bemerkte Sam, wie anders Paris im Vergleich zu seiner Heimat war. Sein Vater ermutigte ihn, sich auf die neuen Erfahrungen zu freuen.

An seinem ersten Schultag fühlte sich Sam nervös, weil er kein Französisch verstand und niemand einen Turban trug. Sein Vater beruhigte ihn und sie gingen hinein. Sam sah den Jungen vom Flughafen weinend im Flur stehen. Der Junge, Pierre, erklärte, dass er seinen Koffer verloren hatte, der voller Souvenirs von seiner Reise nach Indien war.

Sam erkannte, dass er versehentlich Pierres Koffer genommen hatte. Die Jungen wurden Freunde, und Pierre half Sam, sich an seiner neuen Schule zurechtzufinden. Sam lernte über den Eiffelturm und hielt sogar eine Präsentation über Indien mit Pierre.

Am Ende entdeckte Sam, dass Mut, Verständnis und ein offener Geist ihm geholfen hatten, sich an sein neues Leben in Paris anzupassen.

In Nij Aventoer

Sam siet op it fleanfjild en wachte op syn koffer. Hy wie wurch en kâld, en miste it waarme waar fan syn thússtêd yn Yndia. Syn famylje ferhúze nei Parys om't syn heit dêr wurk krige. Sam fielde him drôvich om't er syn freonen efterlitte moast.

Op it fleanfjild stie in jonkje Sam syn tulbân oan te stoarjen, wat him ûngemaklik makke. Hy pakte fluch in koffer dy't like op syn eigen en gie fuort. Underweis nei harren nije hûs seach Sam hoe oars Parys wie as syn thússtêd. Syn heit spoarde him oan om entûsjast te wêzen oer de nije ûnderfinings.

Op syn earste skolledei fielde Sam him senuweftich om't er gjin Frânsk begriep, en nimmen in tulbân droech. Syn heit stelde him gerêst, en se gienen nei binnen. Sam seach itselde jonkje fan it fleanfjild yn de gong gûle. De jonge, Pierre, fertelde dat er syn koffer mei oantinkens oan syn reis nei Yndia ferlern hie.

Sam begriep dat er by ûnlok Pierre syn koffer naam hie. De jonges waarden freonen, en Pierre holp Sam wenne oan syn nije skoalle. Sam learde oer de Eiffeltoer en joech sels in presintaasje oer Yndia tegearre mei Pierre.

Yn it ein ûntduts Sam dat moed, begrip en in iepen geast him holpen om te wennen oan syn nije libben yn Parys.

Ein neues Zuhause

Tim, der junge Bengal-Tiger, fror im Winter und vermisste die Wärme seines indischen Zuhauses. Er versuchte, sich an sein altes Zuhause zu erinnern, aber es fiel ihm schwer, was ihn noch trauriger machte.

Eines Tages bemerkte Lila, die Pantherin, Tim, als er versuchte, sich an sein altes Leben zu erinnern. Lila fragte Tim, was er tat, und er erklärte, dass er versuchte, sich daran zu erinnern, ein Bengal-Tiger zu sein.

Lila schlug vor, dass Tim sein Spiegelbild im Eis betrachtet. Sie sagte, dass ihre Flecken sie an ihre afrikanischen Wurzeln erinnerten. Tim bemerkte, dass Lila's Augen aufhellten, als sie sich an ihr Zuhause erinnerte. Lila sagte Tim, dass obwohl sie aus verschiedenen Orten stammten, sie Gemeinsamkeiten wie ihre Schnurrhaare und scharfen Krallen hatten.

Tim fragte sich, ob auch andere Tiere, wie Elefanten und Zebras, ihr Zuhause vermissten. Lila versicherte ihm, dass jedes Tier im Zoo manchmal Heimweh hatte, aber dass alle einzigartige Merkmale hatten, die sie an ihre Herkunft erinnerten.

Tim begann sich besser zu fühlen, als ihm bewusst wurde, dass er immer seine Streifen haben würde, die ihn an sein Bengal-Zuhause erinnern würden. Als die Nacht hereinbrach, verstand Tim, dass alle Tiere zwar unterschiedlich waren, aber ähnliche Gefühle teilten und er wusste, dass er niemals allein sein würde.

In Nije Thús

Tim, de jonge Bengaalse tiger, fielde him kjel yn 'e winter en miste de waarmte fan syn Yndiaaske thús. Hy besocht syn âlde thús te ûnthâlden, mar dat slagge him net goed, wat him drôvich makke.

Op in dei, doe't Tim besocht syn âlde libben te ûnthâlden, seach Lila de Panter him. Lila frege Tim wat er die en hy fertelde dat er besocht te ûnthâlden hoe't it wie om in Bengaalse tiger te wêzen.

Lila stelde foar dat Tim nei syn wjerspegeling yn it iis sjen soe. Sy sei dat har stippels har oan har Afrikaanske erfskip die tinken. Tim seach dat Lila's eagen opljochten doe't sy oan har thús tocht. Lila fertelde Tim dat hoewol se út ferskillende plakken kamen, sy oerienkomsten hiene, lykas har snorhieren en skerpe klauwen.

Tim frege him ôf oft oare bisten, lykas oaljefanten en sebras, ek harren thús misten. Lila stelde him gerêst dat elts bist yn 'e bistetún har wolris ûnwennich fielde, mar dat se allegear unike eigenskippen hiene om har oan har komôf te hûgjen..

Tim begûn him better te fielen en betocht him dat hy syn striben altyd hie om him oan syn Bengaalse thús te hûgjen. Doe't de nacht foel, begriep Tim dat alle bisten ferskillend wiene, mar soartgelike gefoelens dielden, en hy wist dat hy nea allinnich wêze soe.

Ein Haus aus Süßigkeiten

Einmal lebte ein armer Mann mit seinen beiden Kindern Tom und Sally in einer kleinen Stadt. Sie hatten sehr wenig zu essen. Seine Frau sagte ihm, er solle die Kinder im Wald lassen, damit sie mehr zu essen hätten.

Tom hörte es und sammelte glänzende Steine. Als sie im Wald zurückgelassen wurden, ließ Tom die Steine fallen, um ihren Weg zurückzufinden. Als sie zurückkamen, war die Frau wütend. Sie zwang den Mann, die Kinder wieder in den Wald zu bringen.

Dieses Mal ließ Tom Brotkrumen fallen. Leider fraßen Vögel die Krümel und die Kinder verirrten sich. Sie fanden ein Haus aus Süßigkeiten und begannen es zu essen. Eine alte Frau lud sie ein, aber sie war eine Hexe, die die Kinder essen wollte.

Die Hexe fütterte die Kinder mit viel Essen, um sie zu mästen. Tom täuschte sie, indem er ihr einen Hühnerknochen gab, damit sie dachte, es sei sein Finger. Die Hexe wurde ungeduldig und versuchte, Tom zu kochen. Sally stieß die Hexe in den Ofen und verriegelte ihn.

Sally fand Gold im Haus und befreite Tom. Sie füllten ihre Taschen mit Gold und gingen nach Hause. Sie fanden ihren Vater und die Stiefmutter war verschwunden. Tom und Sally waren nie wieder arm oder hungrig.

In Hûs Makke fan Snobbersguod

Ienris, wenne der in earme man yn in lyts doarp mei syn twa bern, Tom en Sally. Sy hiene mar in bytsje iten. Syn frou sei dat er de bern yn it wâld efterlitte moast, sadat sy mear te iten hiene.

Tom hie har oerheard en hie glânzgje stiennen sammele. Doe't sy yn it wâld efterlitten waarden, liet Tom de stiennen falle om harren wei werom te finen. Doe't sy werom kamen, wie de frou lilk. Sy twong de man om de bern wer yn it wâld efter te litten.

Dizze kear liet Tom bôlekrûmkes falle. Spitigernôch ieten de fûgels de krûmkes, en de bern wiene ferlern. Sy fûnen in hûs makke fan snobbersguod en begûnen it op te iten. In âlde frou frege oft sy deryn komme woene, mar sy wie in tsjoenster dy't de bern opite woe.

De tsjoenster joech de bern in soad iten om se fetter te meitsjen. Tom bedroech har troch har in pikebonke te jaan om te fielen ynstee fan syn finger. De tsjoenster waard it wachtsjen muoite en besocht Tom te sieden. Sally drukte de tsjoenster yn de ûne en die it op slot.

Sally fûn goud yn it hûs en befrijde Tom. Sy follen harren bûzen mei goud en giene nei hûs. Sy fûnen harren heit, en de styfmem wie fuort. Tom en Sally wiene nea wer earm of hûngerich.

Wie die Schildkröte ihre seltsame Schale bekam

In einem von Hunger geplagten Land gab es einmal eine listige Schildkröte namens Tim und einen gesunden Hasen namens Rob. Tim war neugierig, wie Rob so gesund aussah, also gab er vor traurig zu sein und gewann Robs Mitgefühl. Rob stimmte zu, Tim zu helfen, und bat ihn, sich nach Einbruch der Dunkelheit an einem Bach zu treffen.

Nachts gingen sie zu einer Lichtung im Wald, wo Rob ein Lied sang und ein Seil vom Himmel herunterkam. Sie kletterten das Seil hoch und fanden eine Wolke mit einer Tür. Hinter der Tür war Robs Mutter, die einen Tisch voller köstlicher Speisen hatte. Tim aß, bis er sehr voll war, und sie kehrten nach Hause zurück.

Am nächsten Tag war Tim wieder hungrig und beschloss, Robs Mutter zu besuchen, ohne dass Rob es wusste. Er sang das gleiche Lied und begann das Seil hochzuklettern. Rob sah ihn und bat seine Mutter, das Seil abzuschneiden. Als sie es schnitt, fiel Tim auf einen Felsen und seine Schale zerbrach in viele Teile, die nie wieder glatt werden würden.

Hoe't de Skyldpod syn Nuvere skyld krige

Ienris, yn in lân troffen troch hûngersneed, wie der in slûge skilpad neamd Tim en in sûne knyn neamd Rob. Tim wie nijsgjirrich nei hoe't Rob der sa sûn útseach, dus die er as oft er drôvich wie en krige Rob syn meilibjen. Rob gie akkoart om Tim te helpen en frege him om te moetsjen by in beek nei it tsjuster.

Jûns giene sy nei in iepen plak yn it wâld, wêr't Rob in ferske song en der kaam in tou del út de loft. Sy kliuwen it tou op en fûnen in wolk mei in doar. Efter de doar wie Rob syn mem, dy't in tafel fol hearlik iten hie. Tim iet oant er hiel fol wie, en sy gienen werom nei hûs.

De oare dei wie Tim wer hûngerich en besleat om Rob syn mem te besykjen sûnder dat Rob it wist. Hy song itselde ferske en begûn it tou te beklimmen. Rob seach him en sei tsjin syn mem om it tou troch te snijen. Doe't sy it die, foel Tim op in stien, syn skild barste yn in protte stikken, en it soe nea wer glêd wêze.

Der Bauer und das Pferd

Es war einmal ein glücklicher Bauer namens Ben. Er arbeitete mit seinem einzigen Pferd Gilly von früh bis spät. Sie hatten genug zu essen und verkauften Gemüse auf dem Markt der Stadt.

Eines Jahres gab es keinen Regen, und die Ernte wollte nicht wachsen. Ben hatte kein Geld, um Essen zu kaufen, also verkaufte er alles in seinem Haus für Nahrung. Er wartete darauf, dass es wieder anfängt zu regnen, um wieder zu säen.

Monate vergingen ohne Regen, und Ben und Gilly waren sehr hungrig. Schließlich dachte Ben, dass er Gilly essen müsste. Als er Gillys traurige Augen sah, fühlte er sich schuldig und entschuldigte sich. Gilly verzieh ihm.

Plötzlich begann es zu regnen, und die Ernte wuchs wieder. Ben und Gilly arbeiteten hart, ernteten mehr als je zuvor und verkauften sie in der Stadt. Sie hatten genug Geld, um Essen zu kaufen, und waren nicht mehr hungrig. Ben versprach, niemals wieder Pferdefleisch zu essen, denn Gilly war sein Freund.

De Boer en it Hynder

Ienris, wie der in blide boer neamd Ben. Hy wurkte mei syn iennichste hynder, Gilly, fan moarns oant jûns. Sy hiene genôch te iten en ferkochten wat griente op 'e merke fan it doarp.

Foar ien jier wie der gjin rein en de gewaaksen groeiden net. Ben hie gjin jild om iten te keapjen, dus ferkocht er alles yn syn hûs foar iten. Hy wachte op rein om wer te begjinnen mei buorkjen.

Moannen ferstrutsen sûnder rein, en Ben en Gilly waarden hiel hûngerich. Einlings tocht Ben dat hy Gilly miskien ite moast. Mar by it sjen fan Gilly's tryste eagen, fielde er him skuldich en fersoarge. Gilly ferjoech him.

Ynienen reinde it en de gewaaksen groeiden wer. Ben en Gilly wurkten hurd, helle mear gewaaks as ea, en ferkochten se yn it doarp. Sy hiene genôch jild om iten te keapjen en wiene net mear hûngerich. Ben sei tsjin Gilly nea wer hynderfleis te iten, want Gilly wie syn freon.

Der alte Mann und die grüne Flasche

Vor langer Zeit in einem fernen Land liebte ein alter Mann das Fischen. Er angelte jeden Tag und wenn er Fische fing, verdiente er etwas Geld. Manchmal fing er viele Fische, aber manchmal auch gar keine.

Eines Tages zog er sein Netz hoch, in der Hoffnung Fische zu fangen, die er auf dem Markt verkaufen könnte. Stattdessen fand er eine alte grüne Flasche. Er wusste, dass er sie säubern und auf dem Markt verkaufen konnte.

Neugierig auf die Flasche entfernte er den Korken. Plötzlich tauchte eine magische Gestalt auf und wuchs zu einem riesigen Dschinn heran!

Der alte Mann war erstaunt. Doch anstatt Wünsche zu erfüllen, bedrohte der wütende Dschinn das Leben des alten Mannes.

Aber der alte Mann war schlau. Er sagte: "Ich glaube nicht, dass du in dieser winzigen Flasche warst! Zeige mir, wie du hineinpasst."

Der Dschinn, begierig darauf, sich zu beweisen, schrumpfte und zwängte sich zurück in die Flasche.

"Wie dumm von dir, Dschinn!"

Der alte Mann steckte schnell den Korken wieder hinein und fing den Dschinn ein. Er warf die Flasche zurück ins Meer, wo der Dschinn dazu verdammt war, für immer zu treiben.

De âlde man en de Griene Flesse

In hiel skoft lyn, yn in fier lân, wie der in âlde man dy't graach fiske. Hy fiske alle dagen, en as er fisk fong, fertsjinne er wat jild. Somtiden fong er in soad fisk, mar somtiden ek neat.

Op in dei, luts er syn net op, yn 'e hoop fisk te ferkeapjen. Ynstee fan fisk, fûn er in âlde griene flesse. Hy wist dat er de flesse skjinmeitsje en ferkeapje koe op 'e merke.

Nijsgjirrich oer de flesse, helle hy de koark derút. Ynienen kaam der in magyske foarm út en groeide út ta nei in grutte geast!

De âlde man wie ferheard. Ynstee fan winsken te ferfollen, bedrige de kweade geast it libben fan 'e âlde man.

Mar de âlde man wie tûk. Hy sei: "Ik leau net datstû yn dizze lytse flesse sietst! Lit my sjen hoe'tstû deryn past."

De geast woe himsels bewize, kromp en wrakselde werom yn 'e flesse.

"Wat in domme geast!"

De âlde man sette fluch de koark wer yn 'e flesse en fong de genie. Hy smiet de flesse werom yn 'e see, dêr't de geast foar altyd oer de oseanen driuwe soe.

Der Esel und der Hund

Es war einmal ein reicher Bauer, der viele Esel hatte. Sie halfen ihm auf seinem Land zu arbeiten. Der Bauer hatte auch einen Hund, den er liebte und auf den er sich verließ, um seine Farm nachts zu schützen.

Eines Tages war der Bauer so müde, dass er ins Bett ging, ohne den Hund zu füttern. Der Hund war traurig und fragte den Esel: "Was soll ich ohne Essen tun? Ihr Esel könnt den ganzen Tag Gras fressen, aber ich verhungere." Der Esel antwortete: "Ich bin sicher, dass unser Herr uns bald füttern wird."

Aber der Bauer kam nicht, und der Hund war verärgert. Als die Nacht kam, sah der Esel einen Dieb, der sich der Farm näherte. Der Esel rief dem Hund zu: "Fang an, laut zu bellen, damit unser Herr aufwacht und den Dieb sieht!" Der Hund antwortete: "Warum sollte ich ihm helfen, wenn er vergessen hat, mich zu füttern?"

Der Esel flehte den Hund an, aber es half nichts. Stattdessen begann der Esel laute Geräusche zu machen. Bald stimmten alle Esel mit ein, und der Bauer kam gelaufen.

Der Bauer sah den Dieb und jagte ihn weg. Dann realisierte er, dass er vergessen hatte, den Hund zu füttern, was ihn verärgert hatte. Er brachte eine große Schüssel Futter für den Hund und versprach, immer für ihn zu sorgen.

"Wir müssen uns um unsere Tiere kümmern, wie um unsere Kinder", dachte der Bauer, als er den Hund streichelte und einschlief, wissend, dass der Hund die Farm in der Nacht beschützen würde.

De Ezel en de Hûn

Ien kear wie der in ryk boer dy't in soad ezels hie. Sy holpen him op syn lân te wurkjen. De boer hie ek in hûn dêr't er fan hold en dêr't er op rekke om syn pleats nachts te beskermjen.

Op in dei wie de boer sa wurch dat er nei bêd gie sûnder syn hûn te fuorjen. De hûn wie fertrietlik en frege de ezel: "Wat moat ik dwaan sûnder iten? Jimme ezels kinne de hiele dei gers ite, mar ik ha hûnger." De ezel antwurde: "Ik bin wis dat ús master dy daliks fuorje sil."

Mar de boer kaam net, en de hûn wie teloarsteld. Doe't de nacht kaam, seach de ezel in tsjeaf nei de pleats gean. De ezel rôp nei de hûn: "Begjin hurd te byljen, sadat ús master wekker wurdt en de tsjeaf sjocht!" De hûn antwurde: "Wêrom soe ik him helpe as er my ferjitten hat te fuorjen?"

De ezel bea de hûn, mar it holp net. Ynstee dêrfan begûn de ezel lûd te meitsjen. Gau diene alle ezels mei, en de boer kaam hurdrinnend oan

De boer seach de tsjeaf en jage him fuort. Dêrnei begriep er dat er de hûn ferjitten hie te fuorjen, wêrtroch de hûn fertrietlik wie. Hy brocht in grutte bak mei iten foar de hûn en sei him ta him altyd te fersoargjen.

"Wy moatte op ús bisten passe lykas ús bern," tocht de boer wylst er de hûn oer de kop struts en nei bêd gie, wittend dat de hûn de pleats nachts beskermje soe.

Der kluge Hase

Es war einmal ein wütiger Tiger, der alle Tiere im Wald jagte und einschüchterte. Nur der Hase hatte keine Angst vor dem Tiger. Um seinen Freunden zu helfen, schmiedete der Hase einen Plan.

Der Hase erzählte den Tieren, er werde den Wald wieder sicher machen. Die Tiere zweifelten, aber ließen ihn es versuchen. Der Hase ging zum Tiger und erzählte ihm, dass es einen noch größeren Tiger im Wald gab. Der Tiger wurde wütend und forderte den anderen Tiger zu sehen.

Der Hase führte den Tiger zu einem tiefen Brunnen im Wald und behauptete, der größere Tiger lebe dort. Der Tiger schaute in den Brunnen, sah sein Spiegelbild und dachte, es sei der andere Tiger.

Der Hase täuschte den Tiger und brachte ihn dazu, in den Brunnen zu springen, um gegen den "größeren" Tiger zu kämpfen. Der Tiger blieb stecken und konnte nicht entkommen.

Der Hase kehrte zu den Tieren zurück und erzählte ihnen, dass der Wald jetzt sicher sei. Die Tiere feierten und waren dankbar für den klugen Hasen, der sie vor dem wütenden Tiger gerettet hatte.

It Tûke Knyn

Eartiids, yn in wâld, wie der in lilke tiger dy't jage en alle bisten bang makke. De knyn wie it iennichste bist dat net bang wie foar de tiger. De knyn woe syn freonen helpe en betocht in plan.

De knyn fertelde de bisten dat hy it wâld wer feilich meitsje soe. De bisten betwivelen it, mar lieten him it besykje. De knyn gie nei de tiger en fertelde him dat der in noch gruttere tiger yn it wâld wie. De tiger waard lilk en frege om de oare tiger te sjen.

De knyn liedde de tiger nei in djippe wetterput yn it wâld en sei dat de gruttere tiger dêryn wenne. De tiger seach yn 'e put, seach syn eigen spegelbyld, en tocht dat it de oare tiger wie.

De knyn bedroech de tiger om yn 'e wetterput te springen en te fjochtsjen mei de "gruttere" tiger. De tiger siet fêst, hy koe net fuortkomme.

De knyn kaam werom by de bisten en fertelde har dat it wâld no feilich wie. De bisten fierden feest, tankber foar de tûke knyn dy't har rêden hie fan 'e lilke tiger.

Die Familie der Amseln

Es war einmal eine Familie von Amseln, die glücklich lebte. Sie zogen mit ihren drei Küken nach Mailand und bauten ein Nest in einem hohen Baum im Garten eines Palastes. Die Küken hatten weiße Federn, während ihre Eltern schwarzes Gefieder hatten.

Während eines eisigen Winters nistete die Familie unter den Dachvorsprüngen eines Hauses, um sicher zu bleiben. Der Vatervogel suchte den ganzen Tag nach Nahrung, fand aber nur Eis und Schnee. Freundliche Menschen gaben ihnen manchmal Krümel.

Als es kälter wurde, flog der Vatervogel gen Süden, um einen wärmeren Ort zu finden. Inzwischen hatte die Mutter den Nest in der Nähe eines rauchenden Kamins platziert, um die Küken warm zu halten. Die Kälte dauerte drei Tage an.

Als der Vatervogel zurückkehrte, war seine Familie vom Ruß des Kamins schwarz geworden. Seitdem wurden Amseln schwarz geboren und weiße wurden zu einer Legende.

In Mailand werden die letzten drei Tage des Januars, die kältesten Tage, "die Tage der Amsel" genannt, um sich an die tapfere Amsel-Familie zu erinnern.

De Swarte Lyster Famylje

Eartiids libbe der in famylje fan swarte lysters hiel lokkich. Sy ferhúzen nei Milaan mei harren trije jongen en bouden in nêst yn in hege beam yn 'e tún fan in paleis. De jongen hiene wite fearren, wylst harren âlders swarte fearren hiene.

Yn in iiskâlde winter, sochten sy in nêst ûnder de daksgoate fan in hûs om feilich te wêzen. De heit fûgel socht de hiele dei nei iten, mar fûn allinne mar iis en snie. Goede minsken joechen har wolris krûmkes.

Doe't it noch kâlder waard, fleach de heit fûgel súd om in waarmere plak te finen. Yntusken ferpleatste de mem fûgel it nêst nei in dak tichtby in smoarige skoarstien om de jongen waarm te hâlden. De kjeld duorre trije dagen.

Doe't de heit fûgel weromkaam, wie syn famylje swart wurden fan it roet út 'e skoarstien. Fan doe ôf oan waarden swarte lysters swart berne, en waarden wite lysters in leginde.

Yn Milaan wurde de lêste trije dagen fan jannewaris, de kâldste dagen, neamd "de dagen fan 'e swarte lyster" om de dappere swarte lyster famylje te betinken.

Der kleine Gärtner

Sally war ein zehnjähriges Mädchen, das in einer kleinen Stadt lebte. Ihre Eltern bauten Gemüse in ihrem Garten an. Manchmal hatten sie extra Gemüse und gaben es ihren Nachbarn.

Eines Tages bat Sallys Vater sie, etwas Gemüse zu Mrs. Brown, einer alten Dame, die alleine in der Nähe lebte, zu bringen.

Auf dem Weg dachte Sally darüber nach, das Gemüse zu verkaufen und das Geld für Samen zu verwenden. Sie würde mehr Pflanzen anbauen, das Gemüse verkaufen und irgendwann ihren eigenen Garten haben.

Dann könnte sie sich ein schönes Haus und schicke Kleidung leisten.

Sally war so beschäftigt mit ihren Gedanken, dass sie einen großen Stein auf dem Weg übersah. Sie stolperte und das Gemüse verteilte sich überall.

In einem Augenblick waren Sallys Träume, einen eigenen Garten zu haben, verflogen. Sie hatte kein Gemüse zu verkaufen und konnte keine Samen kaufen. Ihre Pläne waren ruiniert. Sally fühlte sich traurig und weinte.

Auf dem Rückweg erkannte Sally, dass sie auf ihren Weg hätte achten sollen, anstatt zu Tagträumen.

Sally lernte, dass wir uns darauf konzentrieren müssen, Hindernisse auf unserem Weg zu überwinden, um unsere Ziele zu erreichen.

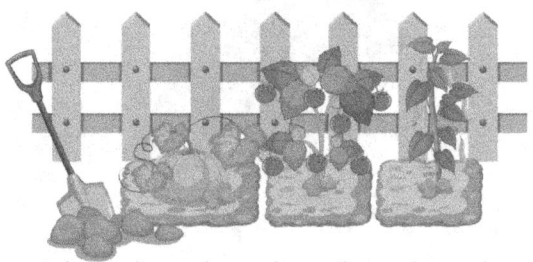

De Lytse Túnier

Sally wie in tsienjierrich famke dat yn in lyts doarp wenne. Har âlders groeiden griente yn harren tún. Somtiden hiene se ekstra griente en joegen se dy oan harren buorlju.

Op in dei frege Sally's heit har om wat griente nei frou Brún te bringen, in âlde frou dy't allinnich wennet tichtby.

Underweis tocht Sally oer it ferkeapjen fan 'e griente en it jild te brûken om sied te keapjen. Sy soe mear planten groeie litte, de griente ferkeapje en op 't lêst har eigen tún hawwe.

Dan koe sy har in noflik hûs en moaie klean keapje.

Sally wie sa drok mei tinken dat sy de grutte stien op it paad net seach. Sy stroffele, en de griente lei oer de grûn.

Yn in tel ferdwûnen Sally's dreamen om har eigen tún te hawwen. Sy hie gjin griente te ferkeapjen en koe gjin sied keapje. Har plannen wiene mislearre. Sally fielde har fertrietich en gûlde.

Op har weromreis besefte Sally dat sy op har paad lette moatten hie ynstee fan weidromme.

Sally learde dat wy ús doelen te berikken, moatte wy ús rjochtsje op it oerwinnen fan obstakels op ús wei.

Kleine Vogel und Rabe

Eines Tages lud Kleine Vogel Raven zu einer Mahlzeit ein. Sie bereitete das Essen vor und wartete auf Ravens Ankunft. Die Zeit verging, aber Raven erschien nicht. Kleine Vogel rief und fragte, wo Raven sei.

Rabe sagte, er würde kommen, nachdem er gebadet und seine roten Schuhe angezogen habe. Kleine Vogel wartete, aber Raven kam immer noch nicht. Kleine Vogel wurde hungrig und beschloss, die Mahlzeit alleine zu essen. Sie aß alles und ließ nichts für Raven übrig.

Besorgt, dass Raven sie fressen könnte, wenn er kein Essen finden würde, versteckte sich Kleine Vogel in der Küche. Plötzlich kam Raven an und fragte nach seiner Mahlzeit. Er entdeckte den leeren Topf und wurde wütend.

Rabe drohte, Kleine Vogel mit einem heißen Löffel zu schlagen, wenn sie nicht herauskäme. Kleine Vogel, verängstigt, gab sich zu erkennen. Raven schlug sie nicht, aber schimpfte sie dafür aus, dass sie kein Essen für ihn übrig gelassen hatte.

Sich schuldig fühlend, versprach Kleine Vogel, niemals vor Ankunft der Gäste zu essen und immer das zu tun, was sie sagt.

Lyts Fûgeltsje en Roek

Op in dei, frege Lyts Fûgeltsje oft Roek komt te iten. Sy tariede it iten en wachte op Roek om te kommen. Tiid gie foarby, mar Roek kaam net. Lyts Fûgeltsje rôp en frege wêr't Roek wie.

Roek sei dat er soe komme nei't er syn baai dien hie en syn reade skuon oandien hie. Lyts Fûgeltsje wachte, mar Roek kaam noch net. Lyts Fûgeltsje waard hûngerich en besleat it iten allinnich op te iten. Sy ite alles op, en liet neat oer foar Roek.

Lyts Fûgeltsje wie bang dat Roek har opite soe as er gjin iten fûn en ferskûle har yn 'e keuken. Ynienen kaam Roek oan en frege nei syn iten. Hy ûntduts de lege pot en waard lilk.

Roek drige Lyts Fûgeltsje mei in hjitte leppel te slaan as se net út har ferskûl kaam. Lyts Fûgeltsje, bang, liet har sjen. Roek sloech har net, mar skold har út om't sy gjin iten foar him bewarre hie.

Mei skuldgefoelens sei Lyts Fûgeltsje ta nea mear te iten foardat har gasten oankamen en altyd te mienen wat se sei.

Acht magische Bäume

Einmal herrschte ein großer König mit sieben Frauen über ein Königreich. Er war freundlich und großzügig, aber er hatte keinen Erben, was ihn traurig machte. Die jüngste und schönste Königin wurde schwanger, was zu einer Feier führte. Die älteren Königinnen wurden eifersüchtig, da der König die jüngere Königin bevorzugte.

Zur Überraschung des Königs brachte die jüngste Königin acht Babys zur Welt: sieben Jungen und ein Mädchen. Die neidischen Königinnen planten einen schrecklichen Plan. Sie töteten die Babys, begruben sie im Palastgarten und ersetzten sie durch Welpen und ein Kätzchen. Sie beschuldigten die jüngste Königin der Hexerei und verbannten sie.

Jahre später wuchsen sieben Champa-Bäume und ein Parul-Baum an der Stelle, wo die Babys begraben wurden. Als der König versuchte, ihre Blumen zu pflücken, hörte er eine Stimme, die ihn bat, die verbannte Königin zurückzubringen. Der König tat wie gefordert und die Königin pflückte die Blumen von den Bäumen.

Jedes Mal, wenn sie eine Blume pflückte, tauchte ein Kind auf und wurde mit seiner Mutter vereint. Der König entdeckte das böse Komplott der älteren Königinnen und sperrte sie für immer ein. Die jüngste Königin, der König und ihre acht Kinder lebten glücklich bis ans Ende ihrer Tage und lehrten die Menschen, dass Neid und falsches Handeln niemals Gutes bringen.

Acht Magyske Beammen

Ienris, in grutte kening mei sân froulju regearre in keninkryk. Hy wie goed en gol, mar hy hie gjin erfgenamt, wat him fertrietlik makke. De jongste en kreaste keninginne waard swier, wat in feest feroarsake. De âldere keninginnen waarden jaloersk as de kening de jongere keninginne mear foarkar joech.

Ta ferheardens fan 'e kening berne de jongste keninginne acht bern: sân jonkjes en in famke. De jaloerske keninginnen betochten in ferskriklik plan. Sy deaden de bern, begroeven se yn 'e paleistún en ferfongen se mei hûntsjes en in katling. Sy beskuldigen de jongste keninginne fan tsjoenderij en lieten har ferbannen.

Jierren letter, groeiden sân Champa-beammen en in Parul-beam út de plak dêr't de bern begroeven wiene. Doe't de kening besocht har blommen te plukken, hearde er in stim dy't frege om de ferbanne keninginne werom te bringen. De kening die wat frege waard en de keninginne plukte de blommen fan 'e beammen.

Alle kearen as sy in blom plukte, kaam der in bern út en ferienige mei har mem. De kening ûntduts it kweade plan fan de âldere keninginnen en liet sy foar it libben finzen. De jongste keninginne, de kening, en har acht bern libben noch lang en lokkich, wylst it folk learde dat jaloerskens en kwea dwaan nea wat goeds bringe.

Schwere Zeiten

Als der Krieg begann, war ich noch sehr jung. Ich erinnere mich, dass es beängstigend war, weil jeder besorgt und unsicher war. Meine Mutter sagte, dass wir unser Zuhause verlassen und die Grenze überqueren müssen, um sicher zu sein, bis der Krieg vorbei ist.

Meine Mutter war schwanger und mein Vater war nicht da. Sie musste sich um meine Schwestern und mich kümmern. Wir hatten Angst und hörten Geschichten über die Grenze, aber meine Mutter bestand darauf, dass wir gehen müssen.

Beim Überqueren der Grenze herrschte Chaos, und wir verloren meine ältere Schwester aus den Augen. Meine Tante fand sie rechtzeitig, und wir überquerten alle zusammen. Wir blieben bei Verwandten in Mazedonien, bis der Krieg endete, und kehrten später nach Hause zurück.

Als ich acht Jahre alt war, sagte meine Mutter, dass wir nach England ziehen würden, um eine bessere Zukunft zu haben. Zunächst gefiel mir die Idee nicht, aber als wir dort waren, gefiel es mir. Die Schule in England war anders und bot mehr Möglichkeiten.

Ich habe Freunde aus verschiedenen Ländern in meiner Schule gefunden und fühle mich nicht anders, weil ich aus Albanien komme. Diese Geschichte handelt davon, Veränderungen anzunehmen und das Gute darin zu sehen. Es geht darum, die Chancen im Leben zu erkennen, die sich nach schwierigen Zeiten bieten, und sich auf die Zukunft zu freuen.

Drege Tiden

Doe't de kriich begûn, wie ik hiel jong. Ik wit noch dat it beangstigend wie, mei elkenien benaud en ûnwis. Us mem sei dat wy ús hûs ferlitte moasten en de grinze oerstekke om feilich te wêzen oant de kriich oer wie.

Us mem wie swier, en ús heit wie der net. Sy moast soargje foar myn suskes en my. Wy wiene bang, ferhalen hearrend oer de grinze, mar ús mem stie derop dat wy gean moasten.

By it oerstykjen fan de grinze wie it gaoatysk, en wy ferlearen myn âldere suster út it each. Myn muoike fûn har krekt op tiid, en wy stutsen allegear tegearre oer. Wy bleaunen by famylje yn Masedoanje oant de oarloch oer wie en ferhúzen letter werom nei hûs.

Doe't ik acht wie, sei ús mem dat wy nei Ingelân ferhúzje soenen foar in bettere takomst. Yn earste oanlis fûn ik it gjin goed idee, mar doe't wy der wienen, hie ik it dêr tige nei't sin. Skoalle yn Ingelân wie oars, mei mear kânsen.

Ik haw freonen makke út ferskate lannen op myn skoalle, en ik fiel my net oars om't ik út Albaanje kom. Dit ferhaal giet oer it akseptearjen fan feroaring en it sjen fan it goede dat dêrút fuortkomme kin. It giet oer de mooglikheden dy't it libben biedt nei it oerlibjen fan swiere tiden en it sjen nei de takomst.

John und das kleine Eichhörnchen

Einmal lebte in einer kleinen Stadt in der Türkei eine Mutter mit ihrem Sohn namens John. Sie waren sehr arm, und jeden Tag ging John in den Wald, um Essen zu suchen.

Eines Tages hörte er beim Suchen von Pilzen ein Mädchen weinen. Er fand ein kleines Eichhörnchen, tröstete es und sie wurden Freunde. John erzählte dem Eichhörnchen von ihrer Armut, und das Eichhörnchen versprach zu helfen.

Das Eichhörnchen führte ihn zu einem Kliff, und unten würde er die Grouse Queen finden, die drei Fragen stellen würde. Das Eichhörnchen flüsterte die Antworten, dann ging es weg. John kletterte hinunter und beantwortete die Fragen der Grouse Queen. Er erhielt als Belohnung einen Topf mit Gold.

Als er das Eichhörnchen wiederfand, war es traurig. Es war eine Prinzessin, bis die Grouse Queen sie in ein Eichhörnchen verwandelte. Um den Zauber zu brechen, brauchte sie einen Tropfen des grünen Wassers aus einer Drachenhöhle. John kämpfte mutig gegen den Drachen, der die Höhle bewachte, holte das grüne Wasser und gab es dem Eichhörnchen. Sie verwandelte sich wieder in eine Prinzessin.

Der Vater der Prinzessin, der Sultan, dankte John und versprach ihm ein gutes Leben. John kehrte mit dem Gold und Geschenken für seine Mutter nach Hause zurück und sorgte dafür, dass sie nie wieder arm sein würden.

John en it Lytse IIkhoarntsje

Ienris yn in lyts doarp yn Turkije, wenne in mem mei har soan, neamd John. Sy wiene tige earm, en eltse dei gie John nei it wâld om iten te finen.

Op in dei, wylst er nei poddestuollen socht, hearde er in famke gûlen. Hy fûn in lyts iikhoarntsje, treaste it, en sy waarden freonen. John fertelde it iikhoarntsje oer har earmoede, en it iikhoarntsje sei him ta te helpen.

It iikhoarntsje liede him nei in klif, en op 'e boaiem soe er de Grûs Keninginne fine, dy't trije fragen stelle soe. It iikhoarntsje flústere de antwurden, en gie fuort. John klom del en beantwurde de fragen fan de Grûs Keninginne. Hy krige in pot mei goud as in priis.

Doe't er it iikhoarntsje wer fûn, wie it bedrôve. It wie in prinsesse west oant de Grûs Keninginne har yn in iikhoarntsje feroare hie. Om de betsjoening te brekken, hie sy in dripke griene wetter út in draak syn grot nedich. John focht mânsk mei de draak dy't de grot bewekke, krige it griene wetter, en joech it oan it iikhoarntsje. Sy waard wer in prinsesse.

De heit fan 'e prinsesse, de sultan, tanke John en sei him in goed libben ta. John gie werom nei hûs mei it goud en geskinken foar syn mem, en soarge derfoar dat sy nea wer earm wiene.

Die Geschichte des Mädchens mit den langen Haaren

Einst lebte in einer Stadt am Fuße des Berges Du ein herzliches Mädchen mit wunderschönem langen Haar. Die Einwohner, die unter einer Dürre litten, mussten weit reisen, um an Wasser zu kommen und waren oft Gefahren ausgesetzt.

Das Mädchen, genannt "Langhaar", war dafür bekannt, dass sie ein Banyanbaum mit Wasser versorgte. Eines Tages, während sie auf dem Berg Du nach Pflanzen suchte, entdeckte sie eine riesige Rübe. Als sie sie herauszog, floss Wasser aus dem Boden. Ein Dämon tauchte auf, beanspruchte das Wasser für sich und drohte damit, ihr Leben zu nehmen, wenn sie den Ort teilt.

Langhaar kämpfte mit ihrem Dilemma, und ihr Haar änderte sich aufgrund des Stresses in Farbe. Eines Tages sah sie einen alten Mann in Gefahr, der nach Wasser suchte, und beschloss, ihm die Wasserquelle zu zeigen. Der Dämon, wütend, verlangte, dass Langhaar in dem Wasser ertrinkt, damit die Stadtbewohner darauf zugreifen können.

Bevor sie es tat, erschien der Banyan-Gott und bot Hilfe an. Er schuf eine steinerne Nachbildung von Langhaar, indem er ihr Haar verwendete, um es überzeugend aussehen zu lassen. Das Steinmädchen wurde unter Wasser platziert und täuschte so den Dämon.

Von nun an lebte "Langhaar" glücklich mit ihren Mitbewohnern.

It Ferhaal fan it Famke mei Lang Hier

Ienris, yn in doarp oan 'e foet fan Berch Du, wenne in goedhertich famke mei kreas lang hier. De doarpsbewenners, dy't tsjin drûchte oan rekken, moasten fier gean foar wetter, en faak gefaar ûndergean.

It famke, mei de bynamme "Lang Hier," wie tige leaflik en dielde har wetter mei in banyanbeam. Op in dei, wylst sy socht nei planten op Berch Du, ûntduts sy in grutte radys. Doe't sy dy derút helle, streamde wetter út 'e grûn. In kweageast ferskynde, dy't it wetter opeaske en har libben bedrige as sy de lokaasje diele soe.

Lang Hier wraksele mei har dilemma, en har hier feroare fan farwe troch de stress. Op in dei seach sy in âlde man yn gefaar op syk nei wetter en besleat sy de wetterboarne te ûntbleatsjen. De kweageast, poerlilk, easke dat Lang Hier ferdronk yn it wetter yn ruil foar de doarpsbewenners harren tagong.

Foar't sy it die, ferskynde de Banyan god, dy't help oanbean. Hy makke in stiennen wjerbyld fan Lang Hier, en brûkte har hier om it oannimlik te meitsjen. It stienfamke waard ûnder it wetter pleatst, en ferifelle de kweageast.

Fan doe ôf oan libbe "Lang Hier" lokkich mei har meidoarpsbewenners.

Schmerzhafte Erfahrungen

Eule schaute aus ihrer Baumhöhle und sah Taube, die einen Käse rollte. Bald näherte sich Fuchs, schmeichelte Taube und brachte ihn dazu, den Käse fallen zu lassen. Der Fuchs nahm den Käse und ging, während Taube sich dumm fühlte.

Dann sah Eule eine Grille, die eine Ameise um Essen bat. Die Grille hatte den Sommer mit Singen verbracht und kein Essen gesammelt. Die Ameise, die hart gearbeitet hatte, lehnte ab zu helfen und schloss die Tür vor der Grille, in der Hoffnung, ihr eine Lektion über die Vorbereitung auf die Zukunft zu erteilen.

Eule kehrte zu ihrer Höhle zurück und überlegte, wie oft Lektionen im Leben durch schmerzhafte Erfahrungen und nicht durch Ratschläge gelernt werden. Sie hoffte, dass die Waldbewohner eines Tages gute Ratschläge annehmen würden und nicht auf die harte Tour lernen müssten.

Pynlike Ûnderfinings

Ule seach út har beamholte en seach Do mei in tsiis. Al gau kaam Fokse, flaaide Do en bedroech him om de tsiis te ferliezen. De fokse naam de tsiis en rûn fuort, wylst Do him dom fielde.

Doe seach Ule in sprinkhoanne dy't in miammel om iten frege. De sprinkhoanne hie de simmer trochbrocht mei sjongen ynstee fan iten sammelje. De miammel, dy't hurd wurke hie, woe net helpe en die de doar ticht foar de sprinkhoanne, mei de hoop dat it har in leske leare soe oer it tarieden op 'e takomst.

Ule kaam werom yn har holte en tocht nei oer hoe't libbenslessen faak leard wurde troch pynlike ûnderfinings ynstee fan advys. Sy hope dat op in dei de wâldwêzens goed advys oannimme soene en net hoege te learen troch pynlike ûnderfinings.

Tom von den Schweinen

Es war einmal ein Junge namens Tom, der einige Schweine betreute. Jeder nannte ihn Tom von den Schweinen.

Eines Tages wollte ein Mann Toms Schweine kaufen. Tom stimmte zu, sechs Schweine zu verkaufen, behielt jedoch ihre Ohren und Schwänze. Er begrub ein Schwein zur Hälfte im Sand und legte die Ohren und Schwänze darum. Dann sagte er dem Bauern, dass alle seine Schweine im Sand stecken geblieben seien.

Der besorgte Bauer versuchte, die Schweine zu retten, fand jedoch nur Ohren und Schwänze. Er bat Tom, Schaufeln von seiner Frau zu holen. Anstatt danach zu fragen, bat Tom um zwei Säcke voller Gold. Der Bauer stimmte zu, und Tom nahm das Gold mit.

Leider wurde Toms Gold gestohlen. Tom verfolgte den Dieb, der ihn mit einem Trick überlistete, indem er ihm sagte, dass ein Hirsch-Nierenfett ihn schneller machen würde. Tom glaubte ihm, entfernte seine eigene Niere und starb.

Der Bauer fand Tom und sagte: "Du warst schlau, aber du hast jemanden getroffen, der noch schlauer war."

Tom fan 'e Bargen

Der wie ris in jonge neamd Tom dy't wat bargen fersoarge. Elstenien neamde him Tom fan 'e Bargen

Op in dei woe in man Tom syn bargen keapje. Tom gie akkoard mei it ferkeapjen fan seis bargen, mar hâlde harren earen en sturten. Hy begroef ien baarch healwei yn it sân en sette de earen en sturten dêromhinne. Dêrnei fertelde hy de boer dat al syn bargen fêstsieten yn it sân.

De soarchsume boer besocht de bargen te rêden, mar fûn allinnich earen en sturten. Hy frege Tom om botsen by syn frou te heljen. Ynstee dêrfan frege Tom om twa sekken mei goud. De boer gie akkoard, en Tom naam it goud.

Spitigernôch waard Tom syn goud stellen troch in tsjeaf. Tom siet de tsjeaf efternei, dy't him bedroech troch in hartnier te smiten en sei dat it him flugger makke. Tom leaude him, helle syn eigen nier út en stoar.

De boer fûn Tom en sei: "Dû wiest tûk, mar dû hast immen moete dy't noch tûker wie."

Die Meerjungfrau

Vor langer Zeit lebte am Grund des Meeres eine wunderschöne Prinzessin namens Lila. Ihr Unterwasserpalast bestand aus leuchtenden Steinen, die das Wasser um sie herum zum Strahlen brachten.

Lila liebte es zu erkunden, aber ihr Vater, der mächtige Meereskönig, sagte ihr immer, niemals in Richtung der Küste zu schwimmen. Trotz seiner Warnung schwamm Lila eines Tages an die Oberfläche, angezogen von den glitzernden Strahlen der Sonne.

An der Oberfläche traf Lila einen jungen Fischer. Sie verliebten sich auf den ersten Blick, aber der Meereskönig wurde wütend. Er entfachte einen heftigen Sturm, der den Fischer in Gefahr brachte. Lila nutzte ihre Stärke, um ihn zu retten und sein Boot in Sicherheit zu bringen.

Ihre Aktionen brachten ihren Vater noch mehr in Rage. Er verwandelte Lila in Meeresschaum und zerstörte ihren Palast.

Jetzt, wenn die Wellen die Küste berühren, kann man den Meeresschaum sehen und manchmal leuchtende Steine am Strand finden. Diese erinnern an Prinzessin Lila und ihren Unterwasserpalast.

It Seewiif

Lang lyn, op 'e boaiem fan 'e see, wenne in kreaze prinses neamd Lila. Har ûnderwetterpaleis wie makke fan glânzjende stiennen, dy't it wetter om it hinne skine litte.

Lila hold derfan om te ûntdekken, mar har heit, de machtige seakening, fertelde har om net nei de kust te swimmen. Nettsjinsteande syn warskôging swom Lila op in dei nei de oerflakte, lokke troch de glinsterjende strielen fan 'e sinne.

Oan 'e oerflakte moete Lila in jonge fiskerman. Sy waarden op slach fereale, mar de seakening waard lilk. Hy makke in krêftige stoarm, dy't de fiskerman yn gefaar brocht. Lila brûkte har krêft om him te rêden, en stjoerde syn boat feilich nei de wâl.

Har aksjes makken har heit noch mear lilk. Hy feroare Lila yn seaskom en ferrinnewearre har paleis.

No, as de weagen de kust berikke, kinne jo it seaskom sjen en somtiden glânzjende stiennen fine op it strân. Dit binne oantinkens oan Prinses Lila en har ûnderwetterpaleis.

Die Frau, die drei Männer will

Vor langer Zeit hatte ein Kaufmann in Spanien eine kluge und entschlossene Tochter. Er hatte drei mögliche Ehemänner für sie gefunden, und sie musste einen auswählen.

"Ich will alle drei", sagte sie.

Ihr Vater war anderer Meinung, also schickte er die Männer auf eine Quest, um das seltenste Objekt zu finden, das sie konnten, und sie würde basierend auf ihren Geschenken wählen.

Der erste Mann fand einen magischen Spiegel, der jedem, egal wie weit entfernt, zeigen konnte. Der zweite Mann fand magisches Öl, das Tote wieder zum Leben erwecken konnte. Der dritte Mann fand ein Boot, das schnell überall auf der Welt reisen konnte.

Als sie sich wiedervereinigten, sah der erste Mann die Tochter tot in ihrem Sarg, indem er den Spiegel benutzte. Sie nutzten schnell das Öl und das Boot, um sie wieder zum Leben zu erwecken.

Ihr Vater, überglücklich, erzählte ihr, was sie getan hatten. Sie lächelte und sagte: "Deshalb werde ich alle drei heiraten!"

De frou dy't trije manlju wol

In lange tiid lyn, yn Spanje, hie in keapman in tûke en betochtsume dochter. Hy fûn har trije mooglike manlju, en se moast ien kieze.

"Ik wol alle trije," sei sy.

Har heit wie it net iens, dus stjoerde er de manlju op in syktocht om it seldsumste objekt te finen dat se koenen, en sy soe har kar meitsje op basis fan har geskinken.

De earste man fûn in magyske spegel dy't elkenien toande, hoe fier fuort ek. De twadde man fûn magyske oalje dy't de deade wer ta libben bringe koe. De tredde man fûn in boat dy't fluch oeral yn 'e wrâld hinne reizgje koe.

Doe't sy wer byinoar kamen, seach de earste man de dochter dea yn har deafet mei de spegel. Sy brûkten gau de oalje en boat om har wer ta libben te bringen.

Har heit, bliid, fertelde har wat sy dien hiene. Sy glimke en sei: "Dit is wêrom't ik alle trije fan har boaskje sil!"

Die Träumende Mädchen

Einmal lebte ein Mädchen bei ihren Eltern, die beschlossen, dass es Zeit sei, dass sie heiratet. Während sie einen Ehemann suchten, träumte das Mädchen von ihren zukünftigen Kindern und nannte sie Mulak, Jahaan, Dhesh und Lutdi.

Als sie auf dem Dach ihres Hauses stand, rief sie ihre Namen. Die Städter missverstanden ihre Worte und dachten, dass sie in Gefahr sei und eilten zur Hilfe. Auf Punjabi klangen ihre Worte wie "Menschen", "Land" und "Ich werde angegriffen!"

Zufälligerweise versuchten Diebe in ihr Haus einzubrechen, aber als sie die Städter kommen sahen, flohen sie. Ein weiser Mann erklärte, wie ihr Tagtraum sie ungewollt vor den Dieben gerettet hatte. Die Städter stimmten zu, dass Tagträumen gut sein kann.

Das Mädchen heiratete, bekam Kinder und erzählte ihnen immer, dass Träume zu erstaunlichen Dingen führen können.

It Dreamende Famke

Eartiids wenne in famke mei har âlders, dy't besletten dat it tiid wie foar har om te boaskjen. Wylst sy in man sochten, deidreamde it famke oer har takomstige bern en neamde se Mulak, Jahaan, Dhesh en Lutdi.

Steande op har dak, rôp sy harren nammen. De doarpsbewenners, har wurden fersteanend, tochten dat sy yn gefaar wie en rûnen om te helpen. Yn it Punjabi klonken har wurden as "minsken", "lân" en "ik wurd oanfallen!"

Tafallich wiene der tsjeaven dy't besochten yn har hûs yn te brekken, mar doe't sy seagen dat de doarpsbewenners kaam, fleagen sy wei. In wize man lei út hoe't har deidream har ûnbedoeld fan 'e tsjeaven rêden hie. De doarpsbewenners wiene it dermei iens dat deidreame goed wêze kin.

It famke boaske, krige bern en fertelde har altyd dat dreamen bjustbaarlike dingen meibringe kinne.

Die beiden Brüder und der magische Vogel

Es waren einmal zwei Brüder. Der ältere war gierig und der jüngere hatte ein gutes Herz. Als ihr Vater starb, nahm der ältere Bruder alles mit, so dass der jüngere Bruder nur einen Korb und eine Axt zum Holzhacken hatte.

Eines Tages traf der jüngere Bruder einen magischen Vogel, der ihm anbot, ihn für eine Goldmünze zur Insel der Sonne zu bringen. Er stimmte zu und kehrte mit dem Gold nach Hause zurück, kaufte sich einen kleinen Bauernhof und lebte glücklich.

Der eifersüchtige ältere Bruder forderte seinen Bruder auf, ihm sein Geheimnis zu verraten. Der jüngere Bruder erzählte ihm davon, und der ältere Bruder ging auf den Berg, traf den magischen Vogel und bat um Gold. Der Vogel brachte ihn zur Insel der Sonne, wo er gierig seinen Korb mit Gold füllte.

Aber als er aufblickte, war der Vogel fortgeflogen und ließ ihn gestrandet zurück. Der jüngere Bruder erbte das Land des älteren Bruders und teilte seinen Reichtum mit der Gemeinschaft.

De Twa Bruorren en de Magyske Fûgel

Ienris wiene der twa bruorren. De âldere wie gjirrich, en de jongere wie goedhertich. Doe't harren heit stoar, naam de âldere broer alles, en liet de jongere allinne mei in kuorke en in bile om hout te hakken.

Op in dei moete de jongere broer in magyske fûgel dy't oanbean om him nei it Eilân fan de Sinne te bringen foar ien gouden munt. Hy gie akkoard en kaam thús mei it goud, kocht in lyts buorkerij, en libbe lokkich.

De jaloerske âldere broer frege nei syn geheim. De jongere broer fertelde him, en de âldere broer gie nei de berch, moete de magyske fûgel, en frege om goud. De fûgel naam him mei nei it Eilân fan de Sinne, dêr't er syn kuorke gjirrich fol mei goud die.

Mar doe't er omheech seach, wie de fûgel weiflein en bleau hy efter. De jongere broer erfde it lân fan de âldere broer en diele syn rykdom mei de mienskip.

Die Geschichte der Riesigen Bäume

In einem dichten Wald sorgten die riesigen Bäume für frische Luft. Adao und seine Freunde beschlossen, Bäume für Geld zu fällen, indem sie jeden Monat einen Baum fällten und zwei neue pflanzten. Allerdings wurden Adaos Freunde gierig und fällten mehr Bäume. Adao war traurig, aber sie hörten nicht auf ihn.

Eines Nachts warnte ihn eine mysteriöse Stimme vor Bestrafung. Am nächsten Tag zerstörte ein Sturm ihre Hütte und verletzte einen Freund. Die verängstigten Freunde rannten weg, aber Adao blieb zurück, um weitere Bäume zu pflanzen. Als der Sturm vorbei war, fand Adao seine Hütte wiederaufgebaut, mit einem warmen Essen bereit. Er versprach, weiterhin Bäume zu pflanzen und nur einen Baum pro Monat zu fällen.

Adao lebte hundert Jahre und sein Geist schloss sich den Riesigen Bäumen an, um den Wald zu schützen. Im Laufe der Jahre florierte der Wald und Adaos Vermächtnis verbreitete sich. Ein Junge namens João lernte von Adao und setzte seine Arbeit fort. Die Geschichte von Adao und den Riesigen Bäumen wurde zum Symbol der Hoffnung und lehrte die Bedeutung des Erhaltens und Respektierens der Natur.

It Ferhaal fan de Gigantyske Beammen

Yn in tichte wâld, soargen Gigantyske Beammen foar farske loft. Adao en syn freonen besleaten om beammen te kappen foar jild, ien beam eltse moanne en planten twa werom. Lykwols waarden Adao syn freonen gjirrich en kapten mear beammen. Adao wie drôvich, mar sy harken net nei him.

Ien nacht, in mystearjeuze stim warskôge foar straf. De oare dei kaam der in stoarm, dy't harren hut ferrinnewearre en ien freon ferwûne. De benaude freonen rûnen fuort, mar Adao bleau om mear beammen te planten. Doe't de stoarm stoppe, fûn Adao syn hut wer opboud, mei in waarme miel dat op him wachte. Hy fersei troch te gean mei it plantsjen fan beammen en allinnich ien per moanne te kappen.

Adao libbe hûndert jier, en syn geast ferbûn him mei de Gigantyske Beammen om it wâld te beskermjen. Nei't jierren ferrûnen, bloeide it wâld en Adao syn erfskip ferspraat. In jongfeint neamd João learde fan Adao en gie troch mei syn wurk. It ferhaal fan Adao en de Gigantyske Beammen waard in symboal fan hoop, dy't it belang fan it bewarjen en respektearjen fan de natoer learde.

Der Bär und der Hase

Einmal prahlte ein Bär immer mit seiner Stärke und seinem Mut. "Ich bin der Stärkste und Mutigste im Wald", behauptete er. Aber er hatte Angst vor Mäusen und wollte nicht, dass andere es wussten.

In der Nähe lebte ein ruhiger Hase. Er prahlte nicht, weil er nicht dachte, dass er stark oder klug sei. Der Bär neckte den Hasen oft wegen seiner Ängstlichkeit. Der Hase dachte: "Ich bin vielleicht leise, aber ich habe Freunde und beurteile andere nicht."

Eines Tages hörte der Hase den Bären um Hilfe rufen. Er fand den Bären an einem Ast hängend, vor einer Familie von Mäusen darunter erschrocken. Der Hase scheuchte die Mäuse sanft weg und der Bär konnte herunterklettern.

"Warum hast du Angst vor Mäusen?" fragte der Hase.

"Sie sind schleimig und dreckig", sagte der Bär.

"Das stimmt nicht", antwortete der Hase. "Du kannst sie nicht beurteilen, ohne mit ihnen zu sprechen."

Der Bär gab zu, dass er nie mit den Mäusen gesprochen hatte, und erkannte, dass er falsch lag. "Du bist tapfer und stark, vielleicht der Stärkste im Wald", sagte der Bär.

Der Hase bedankte sich, aber wusste, dass es nicht wahr war. Sie lachten zusammen und der Bär lernte, andere nicht nach ihrem Aussehen zu beurteilen. Der Bär und der Hase wurden gute Freunde.

De Bear en it Knyn

Der wie ris in bear dy't atyd grutsprekte oer syn krêft en moed. "Ik bin de sterkste en dapperste yn it wâld," sei er. Mar hy wie benaud foar mûzen en woe net dat oaren dat wisten.

In stille knyn libbe tichtby. Hy spruts net grut, want hy tocht net dat hy sterk of tûk wie. De bear narre it knyn faak om't hy bang wie. It knyn tocht: "Ik bin miskien stil, mar ik haw freonen en feroardielje oaren net."

Op in dei hearde it knyn de bear om help roppe. Hy fûn de bear hingjend oan in beamtûke, bang foar in famylje fan mûzen dêrûnder. It knyn jage de mûzen sêft fuort, en de bear klom del.

"Wêrom bist sa bang foar mûzen?" frege it knyn.

"Sy binne slymjend en smoarch," sei de bear.

"Dat is net wier," antwurde it knyn. "Dû kinst se net feroardielje sûnder mei harren te praten."

De bear joech ta dat hy nea mei de mûzen praat hie en seach yn dat hy ferkeard wie. "Dû bist moedich en sterk, miskien wol de sterkste yn it wâld," sei de bear.

It knyn tanke him, mar wist dat it net wier wie. Sy lake tegearre, en de bear learde om oaren net te feroardieljen op harren úterlik. De bear en it knyn waarden goede freonen.

Die Verletzte Löwin

Es war einmal ein armes Mädchen, das in ihrem Dorf Kühe hütete. Eines Tages hörte sie einen traurigen Klang und fand einen Löwen mit einem Dorn in der Pfote. Angst aber freundlich entfernte sie den Dorn. Der Löwe bedankte sich, aber als sie zu den Kühen zurückkehrte, waren sie weg.

Der Bauer des Dorfes war wütend und ließ sie fortan die Schafe hüten. Ein Jahr später fand sie wieder denselben Löwen mit einem Dorn in der Pfote. Sie half ihm, aber auch die Schafe verschwanden. Der Bauer ließ sie daraufhin Schweine hüten.

Noch ein Jahr verging, und sie fand zum dritten Mal den Löwen mit einem Dorn in der Pfote. Die Schweine verschwanden ebenfalls. Entschlossen, das Geheimnis zu lösen, sah sie einen jungen Mann in der Nähe eines Felsens verschwinden und später einen Löwen erscheinen.

Das Mädchen fand einen geheimen Eingang in den Felsen und traf den jungen Mann in einem großen Haus. Er erzählte ihr, dass er verflucht worden war, tagsüber ein Löwe und nachts ein Mann zu sein. Ein Zauberer, der im Haus lebte, hatte ihre Tiere genommen, weil sie dem Löwen geholfen hatte.

Das mutige Mädchen konfrontierte den Zauberer, der ihr zustimmte, den Fluch aufzuheben, wenn sie aus dem Haar einer Prinzessin einen Mantel machen würde. Sie bekam das Haar der Prinzessin, indem sie versprach, ihr einen Prinzen zu finden. Sie machte den Mantel und der Zauberer hob den Fluch auf.

Der junge Mann und die Prinzessin heirateten und bekamen ein Kind, das König werden würde. Das mutige Mädchen hatte noch weitere Abenteuer vor sich, die auf einen anderen Tag warteten.

De Ferwûne Liuw

Eartiids wie der in earm famke dat soarge foar de kij fan har doarp. Op in dei hearde sy in bedrôfich lûd en fûn in liuw mei in toarn yn syn poat. Bang mar goed, helle sy de toarn derút. De liuw tanke har, mar doe't sy weromkaam by de kij, wiene sy fuort.

De boer fan it doarp wie lilk en it famke moast foar de skiep soargje. In jier letter fûn sy deselde liuw mei in toarn wer. Sy holp him, mar de skiep ferdwûnen ek. De boer sette har op 'e bargen.

Noch in jier gie foarby en sy fûn de liuw mei in toarn foar de tredde kear. De bargen ferdwûnen ek. Besletten om de mystearje op te lossen, seach sy in jongfeint ferdwine by in stien en letter ferskynde der in liuw.

It famke fûn in geheime yngong yn 'e stien en moete de jongfeint yn in grut hûs. Hy sei dat er ferflokt wie om deis in liuw te wêzen en in man by nacht. In tsjoender dy't yn it hûs wenne, naam har bisten om't sy de liuw holpen hie.

It dappere famke konfrontearre de tsjoender, dy't ynstimde om de flok op te heffen as se in jas makke fan it hier fan in prinses. Sy krige it hier fan 'e prinses troch har in prins te finen. Sy makke de jas, en de tsjoender hief de flok op.

De jongeman en prinses trouden en krigen in bern dat kening wurde soe. It dappere famke gie fierder mei mear aventoeren, bewarre foar in oare dei.

Zwei Brüder und das magische Samenkorn

Vor langer Zeit lebten in Korea zwei Brüder mit ihrem Vater. Der jüngere Bruder war freundlich, während der ältere arrogant war. Ihr Vater erinnerte sie immer daran, "was du säst, wirst du ernten". Als er starb, bat er sie, das Land zu teilen, aber der ältere Bruder nahm alles und ließ den jüngeren mit nichts zurück.

Der jüngere Bruder fand ein unerwünschtes Stück Land, pflanzte Reis und baute ein kleines Haus. Als seine Reisernte fehlschlug, bat er seinen älteren Bruder um Hilfe, wurde jedoch abgewiesen. Eines Tages rettete er ein Baby-Schwalbenjunges vor einer Schlange. Später ließ die Schwalbe ein Samenkorn fallen, das zu einer Rankpflanze mit Melonen voller Goldmünzen heranwuchs.

Die Familie des jüngeren Bruders wurde reich, und der ältere Bruder war eifersüchtig. Er versuchte, einen magischen Vogel zu finden, aber fand einen mit gebrochenem Bein. Als der Vogel geheilt war, ließ er ein Samenkorn fallen, das zu Melonen heranwuchs, aber sie waren mit schädlichen Kreaturen gefüllt, die das Haus und den Hof des älteren Bruders zerstörten.

Der ältere Bruder wurde arm und wanderte umher, bis er seinen jüngeren Bruder traf, der ihm anbot, zusammenzuarbeiten, wie es ihr Vater gewollt hatte. Sie arbeiteten hart, teilten alles und erinnerten sich daran, dass "was du säst, wirst du ernten".

Twa Bruorren en it Magyske Sied

Lang lyn yn Korea, wennen twa bruorren mei harren heit. De jongere broer wie leaf, wylst de âldere arrogant wie. Har heit herinnerde harren altyd: "Wat jo plantsje, sille jo ite." Doe't er stoar, frege er de bruorren om it lân te dielen, mar de âldere broer naam alles en liet de jongere broer mei neat efter.

De jongere broer fûn wat ûnwolkom lân, plante rys en boude in lyts hûs. Doe't syn rys-risping mislearre, frege er syn âldere broer om help mar waard fuortstjoerd. Op in dei rêde er in lyts sweltsje fan in slang. Letter, liet it sweltsje in sied falle dat útgroeide ta in wynrank mei meloenen fol mei gouden munten.

De jongere broer syn famylje waard ryk, en de âldere broer wie jaloersk. Hy besocht in magyske fûgel te finen, mar fûn ien mei in brutsen poat. Doe't de fûgel genêze, liet it in sied falle dat meloenen groeide, mar dy sieten fol mei skealike bisten dy't de âldere broer syn hûs en pleats ferrinnewearren

De âldere broer waard earm en doarme rûn oant er syn jongere broer moete, dy't oanbean om gear te wurkjen sa't harren heit woe. Sy wurken hurd, dielden alles en ûntholden dat "Wat jo plantsje, sille jo ite."

Wind und Sonne

Eines Tages sagte ein stolzer Wind zur Sonne: "Ich bin das stärkste aller Wetter!" Die Sonne antwortete: "Jedes Wetter kann stark sein."

Der Wind widersprach und schlug einen Wettbewerb vor: Wer es schafft, dass die Menschen mehr Kleidung ausziehen, würde als der Stärkere gelten. Die Sonne stimmte zu und ließ den Wind den Anfang machen. Der Wind blies stark und ließ Hüte fliegen und Menschen ihre Jacken festhalten. Nachdem er Chaos verursacht hatte, hatte der Wind die Menschen aber nicht dazu gebracht, ihre Kleidung auszuziehen.

Als Nächstes wärmte die Sonne die Erde, und die Menschen begannen, Schuhe, Socken, Hemden und Jacken auszuziehen. Einige zogen sogar ihre Hosen aus, um kühl zu bleiben.

Als der Wind den Erfolg der Sonne sah, wurde er wütend und änderte das Wetter zurück zu windig. Die Menschen zogen schnell ihre Kleidung an und gingen hinein. Der Wind konnte nicht glauben, dass die Sonne gewonnen hatte.

Die anderen Wettertypen jubelten für die Sonne, aber die Sonne stoppte sie und erklärte, dass alle Wetterarten wichtig sind und zusammenarbeiten, um Jahreszeiten zu schaffen, Pflanzen wachsen zu lassen und Licht und Schatten zu bieten.

Die Sonne teilte den Sieg mit dem Wind und lehrte, dass jeder anders ist und Teamarbeit wichtig ist. Von nun an arbeiteten alle Wettertypen zusammen und schätzten die Stärken des anderen.

De Wyn en de Sinne

Op in dei sei in grutske wyn tsjin de sinne: "Ik bin de sterkste fan al it waar!" De sinne antwurde: "Al it waar kin sterk wêze."

De wyn wie it dêr net mei iens en stelde in wedstriid foar: wa't derfoar soarge dat minsken de measte klean útlutsen, soe de sterkste wêze. De sinne gie akkoart en liet de wyn earst gean. De wyn blies hurd, mei as gefolch dat hoeden fleagen en minsken har jas ticht holden. Nei't de wyn in soad gaos feroarsake hie, hie er minsken net har klean ferlieze litten.

Dêrnei waarmde de sinne de ierde op, en minsken begûnen skuon, sokken, shirts en jassen út te lûken. Guon dienen sels harren broeken út om kuol te bliuwen.

Doe't de wyn seach hoe goed de sinne it die, waard er lilk en feroare it waar werom nei wynich. Minsken dienen gau har klean wer oan en giene nei binnen. De wyn koe net leauwe dat de sinne wûn hie. De oare waartypen jûgen foar de sinne, mar de sinne stoppe se en fertelde dat al it waar wichtich wie en tegearre wurken om jiertiden te meitsjen, planten te helpen groeie, en ljocht en skaad te bieden.

De sinne dielde it oerwinningsmomint mei de wyn en learde dat elkenien ferskillend is en dat gearwurkje wichtich is. Fan doe ôf oan wurken al it waar mei-inoar, en wiene se tankber foar elkoar har sterke punten.

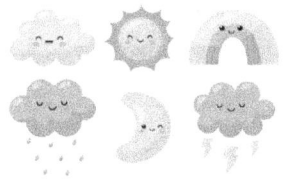

Die Schildkröte und das Kaninchen

Es war einmal ein fröhliches Kaninchen namens Tim und eine ruhige Schildkröte namens George. Tim liebte es, schnell herumzulaufen, während George es genoss, sein Essen langsam zu essen. Eines Tages hatten sie eine Meinungsverschiedenheit. "Ich bin das schnellste Tier überhaupt", sagte Tim. "Ich bin schneller als ein Gepard, ein Känguru und sogar andere Kaninchen!"

"Hör auf zu prahlen", seufzte George. "Du wirst noch Ärger bekommen."

Tim ignorierte George und bestand darauf, ein Rennen zu veranstalten, um seine Geschwindigkeit zu beweisen. George stimmte zu, und sie baten Oliver, die weise alte Eule, das Rennen zu organisieren.

Am nächsten Tag versammelten sich alle Tiere, um das Rennen zu sehen. "Bereit, los!" sagte Oliver. Tim das Kaninchen rannte los, während George die Schildkröte seine langsame Reise begann.

Tim war so weit voraus, dass er beschloss, ein Nickerchen zu machen. George hingegen hielt an seinem langsamen Tempo fest, überholte Sehenswürdigkeiten und überholte schließlich den schlafenden Tim. George erreichte die Ziellinie, und alle Tiere jubelten ihm zu.

Das Geräusch weckte Tim, der schnell zur Ziellinie lief, nur um George mit einer Siegermedaille zu finden. Tim konnte es nicht glauben und beschuldigte George des Betrugs.

"Kein Betrug", sagte Oliver die weise alte Eule. "George hat fair gewonnen. Er hat nicht aufgegeben und ist als Erster ins Ziel gekommen." Tim fühlte sich traurig, aber George versuchte ihn aufzumuntern. "Es ist nur ein Rennen, Tim. Bleiben wir Freunde, und ich bin sicher, dass du beim nächsten Mal gewinnen wirst."

Von da an blieben sie beste Freunde, und Tim das Kaninchen prahlte nie wieder.

De Skyldpod en it Knyn

Ienris, wie der in fleurige knyn neamd Tim en in rêstige skyldpod neamd George. Tim it knyn hold fan hurd omrinnen, wylst George de skyldpod it noflik fûn om syn iten stadich op te iten. Op in dei, krigen sy spul. "Ik bin it fluchste bist ea," sei Tim. "Ik bin flugger as in jachtlupert, in kangoeroe, en sels oare kninen!"

"Hâld op mei opskeppe," suchte George. "Dû silst yn swierrichheden telâne komme."

George liet him net fan de wize bringe en stie derop om in wedstriid te hâlden om te bewizen wa't flugger is. George gie akkoart, en sy frege Oliver, de wize âlde ûle, om de race te organisearjen. De folgjende dei, kamen alle bisten byinoar om de race te besjen. "Klear, set, gean!" sei Oliver. Tim it knyn fleach fuort, wylst George de skyldpod syn stadige reis begûn.

Tim wie sa fier foarút dat er besleat om in knipperke te dwaan. George gie lykwols troch yn syn stadige tempo, gie lânpunten foarby en helle úteinlik de sliepende Tim yn. George helle de einstreek, en alle bisten jûgen foar him.

It lûd makke Tim wekker, dy't hurd nei de einstreek rûn, allinnich om George te finen mei in winner's medalje. Tim koe it net leauwe en beskuldige George fan ferrifelje.

"Hy ferrifele dy net," sei Oliver de wize âlde ûle. "George hat earlik wûn. Hy hâldde oan, joech nea op en wie earst klear."
Tim fielde him fertrietich, mar George besocht him op te fleurjen. "It is mar in race, Tim. Lit ús freonen bliuwe, en ik bin wis datstû de folgjende kear winst."

Fan doe ôf oan, bleaunen sy bêste freonen, en Tim it knyn hat nea wer grutsprutsen.

Die drei kleinen Schweinchen

Eines Tages sagte Mama Schwein zu ihren drei kleinen Schweinchen, dass sie rausgehen und ihre eigenen Häuser bauen sollten. Das erste kleine Schwein traf einen Mann mit Stroh und bat ihn, etwas zu kaufen, um sein Haus zu bauen. Das zweite kleine Schwein traf einen Mann mit Stöcken und kaufte etwas, um sein Haus zu bauen. Das dritte kleine Schwein traf einen Mann mit Ziegeln und entschied sich, ein starkes Haus zu bauen.

Bald waren die Häuser aus Stroh und Stöcken fertig, während das Ziegelhaus etwas länger dauerte. Als ein hungriger Wolf kam, versuchte er, das Haus des ersten kleinen Schweins aus Stroh umzublasen. Das Schwein entkam in das Haus des zweiten kleinen Schweins. Der Wolf blies das Strohhaus nieder, und beide Schweine rannten zum Haus des dritten kleinen Schweins.

Der Wolf konnte das Ziegelhaus nicht umblasen, also versuchte er, durch den Schornstein zu klettern. Das kluge dritte Schwein kochte einen Topf Wasser, und als der Wolf hineinfiel, bekam er Angst und rannte weg. Die drei kleinen Schweinchen lebten glücklich zusammen im starken Ziegelhaus.

De Trije Lytse Bargjes

Op in dei sei Mem Baarch tsjin har trije lytse bargjes dat sy deropút moasten om har eigen hûzen te bouwen. It earste lytse bargje moete in man mei strie en frege om wat te keapjen om syn hûs te bouwen. It twadde lytse bargje moete in man mei stokken en keape wat om syn hûs te bouwen. It tredde lytse bargje moete in man mei stiennen en besleat om in sterk hûs te bouwen.

Gau wiene de hûzen fan strie en stokken klear, wylst it stiennen hûs wat langer duorre. Doe't in hûngerige wolf kaam, besocht er it hûs fan strie fan it earste lytse bargje om te blazen. It bargje ûntkaam en gie nei it hûs fan it twadde lytse baarchje. De wolf blies it stokkenhûs om en beide bargjes rûnen nei it hûs fan it tredde lytse bargje.

De wolf koe it stiennen hûs net omblaze, dus besocht er de skoarstien del te klimmen. It sljochtweihinne tredde bargje sette in panne mei wetter oan it sieden en doe't de wolf derby yn foel, waard er kjel en rûn fuort. De trije lytse bargjes libben noch lang en lokkich tegearre yn it sterke stiennen hûs.

Die Drei Fische

Einmal lebten drei Fische in einem See. Eines Abends kamen einige Menschen am See vorbei und sahen die Fische.

"Dieser See hat viele Fische", sagten sie zueinander. "Wir waren noch nie hier. Wir sollten morgen mit unserer Ausrüstung wiederkommen und sie fangen!" Als der älteste Fisch das hörte, war er besorgt.

Er sagte zu den anderen: "Habt ihr gehört, was die Menschen gesagt haben? Wir müssen diesen See jetzt verlassen. Sie werden morgen zurückkehren und uns alle fangen!"

Der zweite Fisch stimmte zu. "Du hast recht. Wir müssen gehen."

Der jüngste Fisch lachte. "Macht euch keine Sorgen. Wir leben hier schon immer, und niemand ist je gekommen. Warum sollten sie zurückkehren? Ich bleibe hier. Mein Glück wird mich beschützen."

Der älteste Fisch verließ den See sofort mit seiner Familie.

Am nächsten Morgen sah der zweite Fisch die Menschen kommen und verließ den See schnell mit seiner Familie.

Der dritte Fisch weigerte sich immer noch zu gehen und vertraute auf sein Glück. Bald kamen die Menschen an und fingen alle Fische, die noch im See waren.

Das Glück des dritten Fisches konnte ihn nicht retten: Er wurde auch gefangen.

Die Lehre aus dieser Geschichte ist, schnell zu handeln, wenn man Gefahr sieht.

De Trije Fisken

Ienris, trije fisken wennen yn in mar. Op in jûn, kamen der minsken by de mar en seagen de fisken.

"Der binne in protte fisken yn dizze mar," seinen sy tsjin elkoar. "Wy hawwe hjir noch nea west. Wy moatte moarn weromkomme mei ús ark en se fange!" Doe't de âldste fisk dit hearde, wie er besoarge.

Hy fertelde de oaren, "Ha jim heard wat de minsken seinen? Wy moatte fuortendaliks dizze mar ferlitte. Sy sille moarn weromkomme en ús allegear fange!"

De twadde fisk wie it iens. "Dû hast gelyk. Wy moatte fuort."

De jongste fisk lake. "Wês net bang, wy hawwe hjir altyd wenne, en der is nea immen west. Wêrom soenen se weromkomme? Ik bliuw. Myn lok sil my beskermje."

De âldste fisk ferliet de mar fuortendaliks mei syn famylje.

De oare moarn, seach de twadde fisk de minsken komme en gie rap fuort mei syn famylje.

De tredde fisk woe noch altyd net fuort, fertrouwend op syn lok.

Gau dêrnei kamen de minsken oan en fongen alle fisken dy't noch yn 'e mar wienen.

It lok fan de tredde fisk rêde him net: hy waard ek fongen.

De les fan dit ferhaal is om fluch te hanneljen as je gefaar sjogge komme.

Drei bunte Freunde

Einmal gab es drei schöne Freunde: einen roten, einen gelben und einen weißen Schmetterling. Sie spielten immer zusammen.

Eines Tages tauchten dunkle Wolken auf, und sie wussten, dass Regen kommen würde. Sie suchten nach einem trockenen Platz.

Sie fanden eine weiße Lilie und fragten, ob sie sich unter ihren Blütenblättern verstecken könnten.

"Nur der weiße Schmetterling darf bleiben", sagte die Lilie. "Es passt zu meiner Farbe!"

Sie gingen zu einer größeren Lilie und fragten erneut.

"Die gelben und roten Schmetterlinge dürfen bleiben, aber nicht der weiße", sagte die Lilie. "Er passt nicht zu mir!"

Die Freunde entschieden sich: "Alle drei von uns oder keiner von uns!"

Als die Sonne ihre starke Bindung sah, lugte sie durch die Wolken und vertrieb den Rege

Trije Farwerike Freonen

Ienris, wiene der trije leaflike freonen: in reade, in giele en in wite flinter. Sy boarten altyd tegearre.

Op in dei, ferskynden tsjustere wolken, en sy wisten dat rein wie oan te kommen. Sy sochten in plak om drûch te bliuwen.

Sy fûnen in wite pompeblêd en frege har om skûl te finen ûnder har blêden.

"Allinnich de wite flinter mei bliuwe," sei de pompeblêd. "It komt oerien mei myn farwe!"

Sy gienen nei in gruttere pompeblêd en frege opnij.

"De giele en reade flinters kinne bliuwe, mar net de wite," sei de pompeblêd. "Hy past net by my!"

De freonen besleaten: "Us allegear, of gjinien fan ús!"

Doe't sy har sterke bân seagen, kaam de sinne efter de wolken wei en jage de rein fuort.

Die kluge Füchsin und ihre Tricks

Es war einmal eine hinterhältige Füchsin auf der Suche nach Futter. Sie sah einen mit Fisch beladenen Wagen auf der Straße kommen. Schnell gab sie vor, mitten auf der Straße tot zu sein.

Der Mann, der den Wagen fuhr, sah sie und dachte, sie sei wirklich tot. Er legte sie auf die Fische im Wagen. Als der Wagen weiterfuhr, schob die Füchsin die Fische vom Wagen herunter und sammelte sie ein, um sie zu essen.

Während sie aß, kam ein Bär und bat um etwas Fisch. Die Füchsin trickste den Bären aus, indem sie ihm sagte, er solle seinen Schwanz in einen Teich tauchen, um Fische zu fangen. Der Bär tat, wie ihm gesagt wurde, aber das Wasser fror, und er verlor seinen Schwanz.

Wütend versuchte der Bär, die Füchsin zu fangen, aber sie war zu schlau. Sie versteckte sich in einem hohlen Baum und verhöhnte ihn immer weiter. Der Bär konnte sie nicht fangen, und die Füchsin genoss ihren Sieg, indem sie sowohl den Mann als auch den Bären übertölpelte.

De Tûke Fokse en har Streken

Eartiids wie der in tûke fokse dy't op syk wie nei iten. Sy seach in karre fol mei fisk oankommen oer de dyk. Sy die gau krekt as wie se dea op 'e midden fan de dyk.

De man dy't de karre bestjoerde, seach har en tocht dat sy echt dea wie. Hy lei har boppe op 'e fisk yn 'e karre. Wylst de karre fierder gie, smiet de fokse de fisk derôf en sammelde se doe om op te iten.

Wylst sy ite, kaam der in bear en frege om wat fisk. De fokse helle in streek mei de bear út en sei tsjin him dat er syn sturt yn in fiver dwaan moast om fisk te fangen. De bear die wat der sein waard, mar it wetter frear, en hy ferlear syn sturt.

Lilk besocht de bear de fokse te fangen, mar sy wie te tûk. Sy ferstoppe har yn in holle beam en begûn him te narjen. De bear koe har net fange, en de fokse genoat fan har oerwinning, beide de man en de bear te klopsetten hawwe.

Die Magische Vogel

Vor langer Zeit lebten Jack und Lily in einem wunderschönen Garten namens Traumland. Sie hatten ein perfektes Leben mit schöner Umgebung und Tieren. Sie hatten alles, was sie brauchten, außer einer Regel: Sie durften nicht von dem Baum der Geheimnisse essen.

Viele Jahre lang genossen Jack und Lily Traumland und gingen niemals in die Nähe des Baumes. Aber eines Tages fing Lily an, über den Baum und seine Früchte nachzudenken. Sie konnte der Versuchung nicht widerstehen, aß die Frucht und Jack und Lily lernten die schlechte Seite des Lebens kennen. Sie mussten Traumland verlassen, und ihr perfektes Leben war vorbei.

Aber unter dem Baum wurde ein besonderer Vogel geboren, mit erstaunlichen Federn und Gesang. Jack und Lily wurden von einem Wächter mit einem mächtigen Schwert weggeschickt. Ein Funke des Schwerts landete auf dem Nest des Vogels, und obwohl das Nest verbrannte, schlüpfte ein neuer Vogel aus dem Ei.

Dieser einzigartige Vogel, der Magische Vogel genannt wird, bleibt bei den Menschen, unsichtbar aber präsent. Er verbreitet Glück, Licht und Schönheit in den Leben der Menschen. Der Vogel erneuert sich jedes Jahr, indem er aus seiner eigenen Asche steigt, stärker und schöner.

Der Magische Vogel besucht junge Kinder und gibt ihnen Freude und Hoffnung, bevor sie sich den Herausforderungen des Lebens stellen. Wie der Vogel müssen auch wir aus schwierigen Zeiten aufsteigen und wieder Glück finden.

De Magyske Fûgel

Lang lyn, yn in bjusterbaarlike tún neamd Dreamlân, wennen Jack en Lily. Sy hiene in perfekt libben, mei moaie omjouwings en bisten. Sy hiene alles wat se nedich hiene, útsein foar ien regel: sy mochten gjin fruit ite fan 'e Beam fan Geheimen.

Foar in soad jierren genoaten Jack en Lily fan Dreamlân, nea tichtby de beam. Mar op in dei begûn Lily te tinken oer de beam en syn frucht. Ferliede, iet sy de frucht, en beide Jack en Lily learden oer de minne kant fan it libben. Sy waarden út Dreamlân stjoerd, en harren perfekte libben wie fuort.

Mar in bysûnder fûgel waard ûnder de beam berne, mei kreaze fearren en liet. Jack en Lily waarden fuortstjoerd troch in bewekker mei in flammend swurd. In fûnkel fan fjoer út it swurd kaam op 'e fûgel syn nêst, en hoewol it nêst ferbaarnde, kaam in nije fûgel út in aai.

Dizze unike fûgel, neamd de Magyske Fûgel, bliuwt by minsken, ûnsichtber mar oanwêzich. It ferspriedt lok, ljocht en skientme yn minsken har libben. De fûgel fernijt himsels elts jier, opstigend út syn eigen jiske, sterker en kreazer.

De Magyske Fûgel besiket jonge bern, se jout harren wille en hoop foar't se de útdagings fan it libben ûnder eagen sjen. Lykas de fûgel, moatte wy ek opstean út swiere tiden en wer lok fine.

Die kleine Mädchen und die Maus

Es war einmal in einer schönen Stadt in Polen, wo ein mutiges kleines Mädchen mit ihrer Familie lebte. Sie liebte Tiere und hatte vor fast nichts Angst. Nun ja, fast nichts. Das kleine Mädchen und ihr älterer Bruder liebten es, mehr über Tiere zu lernen und spielten Spiele, um ihr Wissen zu testen. Aber es gab eine Sache, vor der der Bruder Angst hatte: Mäuse. Das kleine Mädchen bemerkte das und wurde auch vor Mäusen ängstlich.

Eines Sommertages besuchte das kleine Mädchen seine Großeltern auf dem Land. Sie verbrachte gerne Zeit mit ihnen, erkundete den Wald und die Felder. Eines Tages sah das kleine Mädchen in der Küche eine Maus und schrie vor Angst. Ihre Großmutter fragte sie, warum sie vor dem winzigen Wesen Angst hatte.

Das kleine Mädchen erklärte, dass es gelernt hatte, vor Mäusen Angst zu haben, von ihrem Bruder. Ihre Großmutter sagte ihr, dass sie keine Angst vor Dingen haben solle, die keinen guten Grund dazu haben. Sie teilte eine Geschichte aus ihrer eigenen Kindheit während des Krieges, in der sie von Mäusen lernen und überleben konnte. Das kleine Mädchen hörte aufmerksam zu und begann, Mäuse in einem anderen Licht zu sehen.

Als sie eine Maus über den Küchenboden huschen sah, versprach sich das kleine Mädchen, dass es Mäuse freundlicher denken würde. Sie beschloss, die Geschichte ihrer Großmutter mit ihrem Bruder zu teilen, damit auch er sehen konnte, dass Mäuse gar nicht so beängstigend sind.

It Famke en de Mûs

Ienris yn in bjusterbaarlik plak yn Poalen, wenne in moedich lyts famke mei harren húshâlding. Sy hold fan bisten en wie net benaud foar wat dan ek. No ja, hast foar neat. It lytse famke en har âldere broer fûnen it noflik om oer bisten te learen en spilen spultsjes om harren kennis te testen. Mar der wie ien ding dêr't de broer benaud foar wie: mûzen. It lytse famke seach dat en waard ek benaud foar mûzen.

Yn in simmer gie it lytse famke op besite by har pake en beppe op it plattelân. Sy genoat derfan tiid mei harren pake en beppe troch te bringen, en de wâlden en fjilden te ûndersykjen. Op in dei yn 'e keuken seach it lytse famke in mûs en skreau fan eangst. Har beppe frege har wêrom sy benaud wie foar it lytse bistje.

It lytse famke lei út dat sy leard hie benaud foar mûzen te wêzen fan har broer. Har beppe fertelde har net benaud te wêzen foar dingen sûnder in goede reden. Sy die in ferhaal út har eigen bernetiid, doe't sy troch te sjen en te learen fan mûzen de kriich oerlibje koe. It lytse famke harke yn spanning en begûn mûzen op in oare manier te sjen.

Wylst sy in mûs oer de keukenflier skarreljen seach, fersei it lytse famke harsels om mear mei leafde oan mûzen te tinken. Sy besleat har beppe har ferhaal mei har broer te dielen, sadat ek hy sjen koe dat mûzen hielendal net sa benaud wiene as je se better kennen learden.

Geheimnis des Bauernhofs

Es war einmal in einer kleinen Stadt in Pakistan ein alter Bauer mit vier faulen Söhnen. Der Bauer war freundlich und fleißig, aber seine Söhne bereiteten ihm immer Ärger und halfen nie bei der Arbeit auf dem Bauernhof. Als der Bauer schwächer wurde, sorgte er sich um die Zukunft seiner Söhne.

Eines Tages erkrankte der Bauer und wusste, dass er nicht mehr lange zu leben hatte. Er versammelte seine Söhne und erzählte ihnen von einem versteckten Schatz, der irgendwo auf dem Bauernhof begraben war. Er sagte, dass sie, wenn sie den Schatz finden, reich sein und nicht mehr arbeiten müssten. Sie müssten den Schatz zu ihrem Onkel bringen, um ihn gleichmäßig unter sich aufzuteilen.

Nachdem der Bauer gestorben war, begannen die Brüder nach dem Schatz zu suchen. Sie gruben jeden Feld auf dem Bauernhof um, konnten ihn aber nicht finden. Schließlich bemerkten sie, dass sie den Boden für das Aussäen von Samen vorbereitet hatten. Sie säten Samen, gossen sie und ernteten bald ihre Ernte. Sie verkauften die Ernte auf dem Markt und verdienten viel Geld.

Die Brüder brachten das Geld zu ihrem Onkel, der es gleichmäßig unter ihnen aufteilte. Ihr Onkel erklärte ihnen, dass der eigentliche Schatz der Bauernhof selbst sei. Von diesem Zeitpunkt an arbeiteten die Brüder hart auf dem Bauernhof, wurden reicher und lernten den Wert von Disziplin, Respekt und harter Arbeit kennen. Der geheime Schatz ihres Vaters hatte ihnen wichtige Lektionen gelehrt und sie einander näher gebracht.

It Geheim fan 'e Pleats

Ienris yn in lyts doarpke yn Pakistan wie der in âlde boer mei fjouwer loaie soannen. De boer wie goed en hurd wurkjend, mar syn soannen joegen altyd argewaasje en hielpen nea mei it buorkjen. Doe't de boer weaker waard, soarge er him oer de takomst fan syn soannen.

Op in dei waard de boer siik en wist er dat er net lang mear te libjen hie. Hy sammelde syn soannen en fertelde harren oer in ferburgen skat dy't earne op 'e pleats begroeven wie. Hy sei dat as se de skat fûnen, soene se ryk wurde en net mear hoege te wurkjen. Sy moasten de skat nei harren omke bringe om it lyk ûnder harren te ferdielen.

Nei't de boer ferstoarn wie, begûnen de bruorren mei it sykjen nei de skat. Sy groeven elts fjild op 'e pleats om, mar koenen it net fine. Einlings seagen sy dat se de grûn klear makke hiene om sieden te pleatsen. Sy siedden de sieden, joegen se wetter en sa hawwe sy harren gewaaks al gau binnenhelle. Sy ferkochten de gewaaksen op 'e merke en makken in soad jild.

De bruorren brochten it jild nei harren omke, dy't it lyk ûnder harren ferdiele. Harren omke fertelde harren dat de echte skat de pleats sels wie. Fan doe ôf oan wurken de bruorren hurd op 'e pleats, waarden riker en learden de wearde fan disipline, respekt en hurd wurk. Harren heit syn geheime skat hie har wichtige lessen leard en hie de bruorren tichter byinoar brocht.

Der Magische Spiegel

Ein König wollte eine Frau finden und bat seinen vertrauten Friseur um Hilfe. Der Friseur hatte einen besonderen Spiegel, der das wahre Wesen einer Person zeigen konnte. Wenn jemand in den Spiegel schaute und schlechte Dinge getan hatte, würde der Spiegel Flecken zeigen.

Die Nachricht verbreitete sich, und jeder fragte sich, wer mutig genug sein würde, in den Spiegel zu schauen. Überraschenderweise trat niemand vor. Der König war traurig und fragte sich, ob er jemals eine Frau finden würde.

Eines Tages erwähnte der Friseur eine bescheidene Schäferin, die bereit sein könnte, in den Spiegel zu schauen. Der König lud sie an seinen Hof ein. Vor allen Leuten bat der König sie, in den Spiegel zu schauen. Die Schäferin gab zu, dass sie Fehler gemacht hatte, aber sie hatte keine Angst.

Als sie in den Spiegel schaute, gab es keine Flecken. Die anderen Damen am Hofe nahmen den Spiegel und sahen ebenfalls keine Flecken. Sie behaupteten, der Spiegel sei nicht magisch.

Der König enthüllte, dass der Spiegel nicht magisch war, aber die Tapferkeit und Ehrlichkeit der Schäferin machten sie zur besten Wahl als seine Königin. Die Schäferin wurde zur Königin, und der König wusste, dass er die beste Person gefunden hatte, um sein Leben zu teilen.

De Magyske Spegel

In kening woe in frou fine, dus frege er syn fertroude hierknipper om help. De hierknipper hie in bysûndere spegel dy't minsken harren wiere karakter sjen litte koe. As immen der yn seach en minne dingen dien hie, soe de spegel smoarge plakken toane.

It nijs ferspraat, en elkenien frege har ôf wa't moedich genôch wêze soe om yn 'e spegel te sjen. Ferrassend genôch kaam der gjinien foarút. De kening wie bedrôve en frege him ôf oft er ea in frou fine soe.

Op in dei neamde de hierknipper in beskieden skieppehoedster dy't miskien wol yn 'e spegel sjen woe. De kening noadige har út yn syn hof. Foar elkenien frege de kening har yn 'e spegel te sjen. De skieppehoedster joech ta dat sy flaters makke, mar sy wie net benaud.

Doe't sy yn 'e spegel seach, wiene der gjin smoarge plakken. De oare froulju fan it hof naam de spegel en seagen ek gjin smoarge plakken. Sy bewearden dat de spegel net magysk wie.

De kening makke bekend dat de spegel net magysk wie, mar de moed en earlikheid fan 'e skieppehoedster makken har de bêste kar foar syn keninginne. De skieppehoedster waard keninginne, en de kening wist dat er de bêste persoan fûn hie om syn libben mei te dielen.

Die Frau und das Biest

Vor langer Zeit lebte in einer kleinen französischen Stadt ein armer Kaufmann mit seiner Tochter Belle. Eines Tages musste der Kaufmann auf eine Reise gehen und Belle blieb allein zu Hause. Als er zurückkehrte, war er müde und fand ein verzaubertes Schloss, in dem er sich ausruhen konnte.

Er betrat das Schloss, aß eine Mahlzeit und schlief. Am nächsten Morgen fand er einen wunderschönen Rosenstrauch im Garten und dachte, dass Belle eine Rose lieben würde. Als er eine pflückte, erschien ein furchteinflößendes Biest, wütend über die gestohlene Rose.

Gerade in diesem Moment kam Belle, besorgt um ihren Vater, an. Das Biest stimmte zu, den Kaufmann gehen zu lassen, aber nur wenn Belle für immer bei ihm bleiben würde. Belle stimmte zu und ihr Vater ging.

Zunächst hatte Belle Angst vor dem Biest, aber sie erkannte, dass er ein gutes Herz hatte. Das Biest verliebte sich in Belle und bat sie, ihn zu heiraten, aber Belle vermisste ihren Vater und wollte ihn sehen. Das Biest zeigte ihr einen magischen Spiegel, in dem sie ihren kranken Vater sah. Belle bat das Biest, sie besuchen zu dürfen, und es stimmte zu.

Nachdem sie ihrem Vater geholfen hatte, hatte Belle einen Traum, dass das Biest krank sei. Sie eilte zurück zum Schloss und fand es im Bett liegend. Sie sagte dem Biest, dass sie ihn liebte, und plötzlich verwandelte er sich in einen hübschen Prinzen. Der Fluch, dem er unterlag, war durch wahre Liebe gebrochen worden. Das Paar heiratete und lebte glücklich bis ans Ende seiner Tage.

De frou en it Bist

Der wie ris yn in lyts Frânsk doarpke, dêr wenne in earm hanneler mei syn dochter, Belle. Op in dei moast de hanneler fuort foar in reis, dus Belle bleau allinne thús. By it weromkommen, wie de hanneler wurch en fûn in betsjoene kastiel dêr't er útrêste koe.

Hy gie it kastiel yn, iet in miel, en slepte. De oare moarns fûn er in prachtige roazestruik yn 'e tun en tocht dat Belle in roas wol moai fine soe. Doe't er ien pakte, ferskynde in ôfgryslik Bist, lilk oer de stellen roas.

Krekt doe kaam Belle oan, benaud oer har heit. It Bist wie akkoart om de hanneler gean te litten, mar allinne as Belle foar altyd by him bliuwe soe. Belle wie it dermei iens, en har heit gie fuort.

Yn earsten wie Belle bang foar it Bist, mar sy seach dat hy in goed hert hie. It Bist waard fereale op Belle en frege har te boaskjen, mar Belle miste har heit en woe him sjen. It Bist liet har in magyske spegel sjen, dy't har sike heit liet sjen. Belle smeke it Bist om har heit te besykjen, en hy wie it dermei iens.

Nei't sy har heit holpen hie te betterjen, hie Belle in dream dat it Bist siik wie. Sy gie gau werom nei it kastiel en fûn him op bêd. Sy sei tsjin it Bist dat sy fan him hold, en ynienen feroare er yn in kreaze prins. De flok dêr't er ûnder wie, wie troch wiere leafde ferbrutsen. It pear trouden en libbe noch lang en lokkich.

Ehrlichkeit zählt

Es war einmal ein Junge namens Tim, der Sohn eines Bauern. Tim hatte die schlechte Angewohnheit, seiner Familie und seinen Freunden zu lügen. Er erfand Geschichten über Monster, täuschte gefährliche Tiere vor oder gab vor, krank zu sein, um Arbeit zu vermeiden.

Tims tägliche Aufgabe bestand darin, die Kühe seines Vaters auf eine nahegelegene Wiese zu bringen. Er fand diese Arbeit langweilig und wünschte sich ein aufregenderes Leben. Langeweile und Frustration führten dazu, dass Tim Lügengeschichten erfand.

Eines Tages beschloss Tim, die Bewohner der Stadt hereinzulegen. Er gab vor, von einem Löwen angegriffen worden zu sein und schrie um Hilfe. Die Bewohner der Stadt eilten herbei, um ihm zu helfen, aber sie fanden ihn nur über seinen Scherz lachen. Sie waren enttäuscht und warnten ihn davor, dies nicht noch einmal zu tun. Aber Tim hörte nicht auf sie.

Ein paar Tage später spielte Tim denselben Trick. Wieder eilten die Bewohner der Stadt, um ihm zu helfen, aber sie fanden Tim nur lachend vor. Sie waren wütend, und Tims Vater musste sich für das Verhalten seines Sohnes entschuldigen.

Am nächsten Tag hörte Tim ein Rascheln hinter sich, als er die Kühe beobachtete. Zu seinem Entsetzen erschien ein echter Löwe! Tim versuchte zu fliehen, aber der Löwe versperrte ihm den Weg. Er schrie um Hilfe, aber dieses Mal kam niemand, um ihm zu helfen.

Leider wurde Tim vom Löwen getötet. Seine Lügen hatten dazu geführt, dass die Bewohner ihm nicht mehr vertrauten und ihm, als er wirklich Hilfe brauchte, niemand glaubte. Diese Geschichte lehrt uns die Bedeutung von Ehrlichkeit und die Konsequenzen des Lügens.

Earlikens Docht der Ta

Der wie ris in jonge neamd Tim, de soan fan in buorman. Tim hie in minne gewoante om te ligen tsjin syn famylje en freonen. Hy soe ferhalen betinke oer mûnsters, leage dat er gefaarlike bisten seach, of krekt dwaan as dat er siik wie om net te wurkjen.

Tim syn deistige opjefte wie om syn heit syn kij nei in neistlizzende greide te bringen om te weidzjen. Hy fûn it wurk net noflik en winske in spannender libben. Ferfeeling en frustraasje lieten Tim ûnwiere ferhalen betinke.

Op in dei besleat Tim in grap op de doarpsbewenners te spyljen. Hy die krekt as wie er oanfallen troch in liuw en rôp om help. De doarpsbewenners rûnen hurd om him te rêden, mar fûnen him úteinlik laitsjend om syn grap. Sy wiene teloarsteld en warskôgen him dat net wer te dwaan. Mar Tim harke net.

In pear dagen letter, spile Tim deselde trúk wer. Nochris, de doarpsbewenners rûnen hurd om te helpen, mar fûnen Tim laitsjend om harren. Sy wiene wurch en Tim syn heit moast him ferûntskuldigje foar syn soan syn gedrach.

De oare dei, wylst Tim de kij yn 'e gaten hold, hearde er in rûzjen efter him. Ta syn skrik, ferskynde der in echte liuw! Tim besocht te ûntkommen, mar de liuw blokkearre syn wei. Hy rôp om help, mar dizze kear kamen de doarpsbewenners net om him te rêden.

Spitich genôch waard Tim dea makke troch de liuw. Syn leagens hiene de doarpsbewenners him net betrouwe litten, en doe't er echt help nedich hie, leaude nimmen him. Dat ferhaal leart ús de wichtichheid fan earlikens en de gefolgen fan ligen.

Die Dämmerung des Drachen

Als die Dämmerung das Reich umhüllte, suchten die Ritter Aldric, Isabella und Lionel Schutz für die Nacht. Sie stießen auf eine verborgene Stadt im Schatten eines mächtigen, unheimlichen Berges.

Die Stadt war unglaublich still, mit allen Häusern verschlossen und ihren Bewohnern verborgen. Die Ritter fanden eine Herberge, in der sie Einlass fanden, und entdeckten die Bewohner der Stadt. Als sie ein Gespräch über einen furchterregenden Drachen belauschten, schworen die Ritter, das Ungeheuer zu konfrontieren, um die Bewohner zu schützen.

Sie folgten den Anweisungen der Bewohner und wanderten den Berg hinauf zum Drachennest. In der Höhle fanden sie eine beeindruckende Ansammlung von Edelsteinen und Gold. Erwarteten sie einen monströsen Drachen, waren sie erstaunt, als sie ein kleines Wesen entdeckten, das nicht größer als ein Hund war und schimmernde rubinrote Schuppen hatte.

Die Ritter hatten den Drachen falsch eingeschätzt, der beschuldigt worden war, die Stadt zu terrorisieren. Der Drache war sanftmütig und verbrachte seine Tage mit der Herstellung von Schmuck. Bestürzt über den Schaden, den die Ritter verursacht hatten, weinte der Drache über seine zerbrochene Brille.

Als sie ihren Fehler erkannten, führten die Ritter die skeptischen Bewohner in die Höhle. Als sie den kleinen weinenden Drachen sahen, erweichte das Herz der Bewohner, und sie boten an, ihr Heim zu reparieren und seine Brille zu reparieren.

Nachdem die wahre Natur des Drachen enthüllt wurde, machten sich die Ritter auf zu neuen Abenteuern und waren zuversichtlich, dass die Bewohner die Lektion gelernt hatten, andere nicht aufgrund von Gerüchten oder Erscheinungen zu beurteilen.

De Skimer fan 'e Draak

As de skroarjûn it ryk omearmde, sochten ridders Aldric, Isabella en Lionel, wurch fan harren reis, ferskûl foar de nacht. Sy kamen op in ferburgen doarp yn 'e skaad fan in hege, drigende berch.

It doarp wie grouwelich stil, mei alle huzen befeiliget en harren bewenners ferburgen. De ridders fûnen in herberch dêr't se ynlitten waarden, en ûntdutsen de doarpsbewenners dêr binnen. Nei't se in petear hearden oer in ferskriklike draak, belutsen de ridders derop om it bist te konfrontearjen om de doarpsbewenners te beskermjen.

Mei de oanwizingen fan 'e doarpsbewenners giene se de berch op nei it hol fan 'e draak. Yn 'e grot fûnen se in blingend útstalling fan edelstiennen en goud. Ynstee fan in mûnster draak te ferwachtsjen, ûntdutsen sy in lyts wêzen, net grutter as in hûn, mei skitterjende rubyreade skobben.

De ridders hiene de draak ferkeard ynskat, dy't beskuldige waard fan it terrorisearjen fan it doarp. De draak wie sêft en brocht har dagen troch mei it meitsjen fan juwelen. Ferslein troch de skea dy't de ridders oanbrochten hiene, skriemde de draak oer har stikken bril.

Ynsjend dat sy in flater makke hiene, lieden de ridders de skeptyske doarpsbewenners nei de grot. Nei't sy de lytse, skriemende draak sjoen hiene, waarden de herten fan 'e doarpsbewenners sêft, en sy bieden oan om har hol te reparearjen en har bril te meitsjen.

Mei de wiere ierd fan 'e draak ûntbleate, setten de ridders ôf nei nije aventoeren, wis dat de doarpsbewenners de les leard hiene om net oaren te beoardieljen op basis fan geroften of úterlik.

Eine Unendliche Freundschaft

Ein Hase und ein Fuchs waren enge Freunde. Jeden Morgen besuchte der Fuchs den Hasen in seinem Bau im Busch. Der Hase genoss die Gesellschaft des Fuchses, bemerkte jedoch nicht die wachsende Frustration des Fuchses, immer derjenige zu sein, der zu Besuch kam.

Die Faulheit des Hasen verwandelte den Fuchs in einen Feind. Eines Tages beschloss der Fuchs, dem Hasen eine Lektion zu erteilen. Er band heimlich einen Faden an das Bein des Hasen und seinen Schwanz. Nachdem er sich verabschiedet hatte, sprang der Fuchs in einen nahe gelegenen Bach. Der Faden zog den Hasen aus dem Busch und er fiel mit einem Spritzer ins Wasser!

Der Hase konnte nicht schwimmen und konnte den Faden trotz Anstrengungen nicht lösen. Schließlich ertrank er. Der Fuchs dachte, er habe dem Hasen eine Lektion erteilt, aber ein Raubvogel sah den schwimmenden Hasen von oben. Der Vogel griff nach seiner Beute und griff den Hasen mit seinen scharfen Klauen.

Der Fuchs erinnerte sich plötzlich an den Faden, der sie beide verband. Der Vogel trug sie beide auf einen hohen Ast. Es war dann, dass der Fuchs seinen Fehler erkannte. Indem er eine Falle für den Hasen gestellt hatte, hatte er auch sich selbst gefangen genommen.

Ein altes afrikanisches Sprichwort sagt: "Grab nicht zu tief ein Loch für deinen Feind, denn du könntest selbst hineinfallen."

In Ivige Freonskip

In knyn en in fokse wiene tichte freonen. Alle moarns besocht de fokse it knyn syn burch yn in strûk. It knyn genoat fan it selskip fan de fokse, mar seach net dat de fokse stadichoan frustrearre waard om't hy altyd dyjinge wie dy't komme moast.

De loaiens fan it knyn feroare de fokse yn in fijân. Op in dei besleat de fokse it knyn in leske te learen. Hy bûn betúltsjes in triedsje oan it skonk fan it knyn en syn sturt. Nei't er ôfskied naam hie, sprong de fokse yn in stream tichtby. It triedsje luts it knyn út de strûk, en hy foel mei in plûns yn it wetter!

It knyn koe net swimme, en hoewol't er syn bêst die, koe er it triedsje net losmeitsje. Einlings ferdronk er. De fokse tocht dat er it knyn in leske leard hie, mar in rôffûgel seach it driuwende knyn fan boppenôf. De fûgel doek del om syn miel op te heljen, de skerpe klauwen namen it knyn mei.

De fokse betocht ynienen it triedsje dat harren byinoar bûn. De fûgel brocht se beide nei in hege beamtûke. Doe realisearre de fokse syn flater. Troch in fâle te setten foar it knyn, hie er ek himsels yn 'e fâle setten.

In âld Afrikaansk sprekwurd seit: "Graaf gjin al te djippe kûle foar dyn fijân, want dû kinst der sels ynfalle."

Die drei Bären

In einem kleinen Haus in der Nähe des Waldes lebte ein Mädchen namens Lily mit ihrer Familie. Eines Morgens schickte ihre Mutter sie zum Sammeln von Brombeeren in den Wald. Während sie ging, stolperte Lily über eine Hütte und beschloss, zu sehen, ob sie dort Nahrung und Ruhe finden konnte.

In der Hütte fand sie drei Schüsseln mit Brei und drei Stühle. Die größte Schüssel war zu heiß und die mittlere zu kalt. Die kleinste Schüssel war genau richtig, also aß sie alles auf. Müde geworden, ging sie nach oben und probierte drei Betten aus. Das erste war zu hart, das zweite zu weich, aber das kleinste war perfekt, und sie schlief ein.

Als die Bewohner der Hütte, eine Bärenfamilie, zurückkehrten, bemerkten sie, dass ihr Brei gegessen und ihre Stühle verschoben worden waren. Sie gingen nach oben und fanden Lily im kleinsten Bett schlafend. Durch die Bären aufgeweckt, sprang sie aus dem Fenster und rannte nach Hause.

Die verwirrten Bären stellten die Stühle zurück und machten neuen Brei. Sie erinnerten sich immer daran, dass Menschen seltsame Wesen waren und man ihnen mit Brei nicht trauen konnte.

De Trije Bearen

Yn in lyts hûs tichteby it wâld, wenne in famke neamd Lily mei har famylje. Op in moarn stjoerde har mem har om toarnbeien yn it wâld te sammeljen. Wylst sy rûn, seach Lily in hut en besleat te sjen oft sy dêr iten en rêst fine koe.

Yn 'e hut fûn sy trije kommen mei brij en trije stuollen. De grutste kom wie te hjit, en de middelste wie te kâld. De lytste kom wie krekt goed, dus sy iet it allegear op. Wurch gie sy nei boppen en besocht trije bêden. De earste wie te hurd, de twadde te sêft, mar de lytste wie krekt goed, en sy foel yn sliep.

Doe't de bewenners fan 'e hut, in bearenfamylje, werom kamen, seagen se dat harren brij opiten wie en harren stuollen ferskowd. Sy gienen nei boppen en fûnen Lily yn it lytste bêd. Skrokken wekker troch de bearen, sprong sy út it finster en rûn nei hûs.

De ferhearde bearen skowden de stuollen werom en makken mear brij, en ûnthâlden altyd dat minsken nuvere wêzens binne, net te fertrouwen mei brij.

Eine nette Freundschaft

In einem schönen Wald in Neuseeland lebte eine kleine Raupe namens Max mit seinem besten Freund Sam auf einem Ast. Sam war auch eine Raupe, hatte aber andere Vorlieben: Sam liebte Blätter, während Max lieber Insekten fraß.

Eines Tages fing Sam an, seltsam zu handeln und wurde steif. Max versuchte, ihn aufzuheitern, aber Sam schlief nur. Tage vergingen, und Sams Haut verhärtete sich wie eine Schale. Max blieb an seiner Seite und wartete.

Schließlich schlüpfte Sam als wunderschöner Schmetterling aus seiner Hülle. Er breitete seine Flügel aus und flog davon und Max fühlte sich allein und konnte ihm nicht folgen. Er rannte zur Spitze des Zweiges und fragte sich, ob sie jemals wieder zusammen spielen würden.

Als Max weinte, rief eine Stimme aus der Dunkelheit. Es war Sam, der zurückgekehrt war. Er erklärte, dass Max ein Glühwürmchen sei, das in der Nacht hell leuchtet. Andere Glühwürmchen in der Nähe wollten auch Freunde sein!

Max befürchtete, dass sie keine Freunde mehr sein könnten, aber Sam versicherte ihm, dass Freunde immer einen Weg finden. Von diesem Tag an spielten Max und Sam bei jedem Sonnenauf- und -untergang weiterhin zusammen und lachten gemeinsam wie immer.

In Noflike Freonskip

Yn in noflik wâld yn Nij-Seelân libbe in lyts rûpske neamd Max op in tûke mei syn bêste freon, Sam. Sam wie ek in rûpske, mar sy hiene ferskillende smaken: Sam hold fan blêden wylst Max leaver ynsekten hie.

Op in dei begûn Sam him frjemd te hâlden en waard stiif. Max besocht him op te fleurjen, mar Sam slepte allinnich. Dagen giene foarby, en Sams hûd waard hurd as in skulp. Max bleau by syn side, wachtsje.

Einlings, kaam Sam út syn skulp as in kreaze flinter. Hy spriede syn wjukken út en fleach fuort, en liet Max allinnich en ûnmooglik om te folgjen. Hy rûn nei de top fan de tûke, wûnderjend oft sy ea wer tegearre boartsje soene.

Wylst Max gûle, rôp in stim yn 'e tsjuster. It wie Sam, dy't weromkaam. Hy fertelde dat Max in glimwjirm wie, dy't yn 'e nacht helder skynde. Oare glimwjirmen yn 'e buert woene ek freonen wêze!

Max makke him soargen oer dat sy gjin freonen mear wêze koene, mar Sam stelde him gerêst dat freonen altyd in wei fine. Fan dy dei ôf, by eltse sinne-opgong en sinne-ûndergong, giene Max en Sam troch mei har spultsjes, laitsjend tegearre as se altyd diene.

Zuhause

An einem heißen Tag im Mai konnte die junge Myna nicht draußen spielen. Ihre Mutter schlug vor, ihr beim Kochen zu helfen. Myna liebte die Farben der Küche und fragte, ob sie sich selbst füttern könne. Trotz des Chaos machte es ihr Spaß. Sie begann, einem kleinen Raben namens Kakai ihr heruntergefallenes Reis zu füttern, und sie wurden Freunde.

Als Myna sieben Jahre alt war, änderte sich ihre Stadt, und die Leute zogen an Orte wie England und Kanada. Myna und ihre Mutter zogen nach London. Myna vermisste Kakai, ihr Zuhause und die Sterne. Eines Tages fand sie einen tamilisch sprechenden Raben in London, der eine Geschichte über einen Raben und einen Hirsch teilte, die zeigte, dass Freunde einander nie im Stich lassen.

Myna machte neue Freunde und verbesserte ihr Englisch, aber sie vermisste immer noch Kakai. Ihr Vater schloss sich ihnen in London an und sagte, dass sie es zu ihrem Zuhause machen müssten. Eines Nachts entdeckte sie, dass der Rabe in London tatsächlich Kakai war. Er sagte ihr, dass Zuhause kein Ort sei, sondern ein Gefühl von Zugehörigkeit und Liebe. Sie erkannte, dass sie zwei Heimaten unter demselben Himmel hatte.

Thús

Op in waarme Maaiedei koe de jonge Myna net bûten boartsje. Har mem stelde foar dat sy helpe soe mei it itensiede. Myna hold fan de kleuren yn 'e keuken en frege oft se har sels fuorje mocht. Nettsjinsteande't sy in rommel makke, hie sy dochs wille. Sy begûn in lytske roek neamd Kakai har fallen rys te fuorjen, en sy waarden freonen.

Doe't Myna sân wie, feroare har doarp, en de minsken giene fuort nei plakken lykas Ingelân en Kanada. Myna en har mem ferhúze nei Londen. Myna miste Kakai, har thús, en de stjerren. Op in dei fûn se in Tamil sprekkende roek yn Londen, dy't in ferhaal diele oer in kraai en in hert dy't sjen liet dat freonen elkoar nea yn 'e steek litte.

Myna makke nije freonen en ferbettere har Ingelsk, mar se miste Kakai noch altyd. Har heit kaam by har yn Londen en sei dat sy it dêr ta har thús meitsje moasten. Ien nacht ûntdutst sy dat de roek yn Londen eins Kakai wie. Hy fertelde har dat thús gjin plak wie, mar in gefoel fan derby hearre en leafde. Sy besefte dat sy twa thúsplakken hie ûnder deselde himel.

Das Schwert

Uther Pendragon beobachtete die Abfahrt der römischen Schiffe, seine Männer an seiner Seite. Sie feierten ihre neu gewonnene Freiheit und schworen, England zu schützen. Während Uther gegen Feinde kämpfte, machte er sich Sorgen um seinen Sohn Arthur und bat seinen besten Freund, ihn wie sein eigenes Kind aufzuziehen.

Abseits von Uther aufgewachsen, lernte Arthur, ein mutiger Krieger zu werden. Als Uther alterte und einen Nachfolger wählen musste, konsultierte er Merlin, seinen weisen Berater und Zauberer. Sie planten, das Schwert Excalibur zu verzaubern, sodass nur der rechtmäßige König es aus dem Amboss ziehen konnte.

Bei einem großen Turnier konnte kein Krieger das Schwert entfernen. Arthur hingegen zog es mühelos heraus, als er für seinen Freund Kay ein Schwert suchte. Merlin erklärte Arthur zum rechtmäßigen Erben und das Volk jubelte. Arthur wurde ein guter König und schützte sein Volk so wie sein Vater es getan hatte.

It Swurd

Uther Pendragon seach de Romeinske skippen fuortgean, mei syn mannen oan syn side. Sy fieren harren nije frijheid en seine ta Ingelân te beskermjen. As Uther focht tsjin fijannen, wie er besoarge oer syn soan, Arthur, en frege syn bêste freon om him op te fieden as syn eigen.

Arthur groeide op fier fan Uther en learde in heldhaftige kriichsman te wurden. Doe't Uther âlder waard en in opfolger kieze moast, rieplachte er Merlin, syn wize riedsman en tsjoender. Sy betochten in plan: Merlin soe it swurd Excalibur betsjoene, sadat allinne de rjochte kening it út in oanbyld helje koe.

Op in grut toernoai koe gjin kriiger it swurd út de oanbyld helje. Arthur luts it lykwols sûnder muoite út, wylst er besocht in swurd foar syn freon, Kay, te finen. Merlin ferklearre Arthur de rjochte erfgenamt en it folk wie bliid. Arthur waard in goede kening, syn folk beskermjend krekt as syn heit dien hie.

Die Geschichte eines weisen alten Mannes

In einer bescheidenen Stadt lebte ein armer alter Mann, der ein wunderschönes weißes Pferd besaß. Jeder, der es sah, einschließlich benachbarter Könige, beneidete ihn und bot ihm Reichtümer für das Pferd an, aber der alte Mann lehnte ab.

"Für mich ist dieses Pferd ein Freund, nicht nur ein Tier. Wie kann ich einen Freund verkaufen?", sagte er.

Eines Tages verschwand das Pferd. Die Stadtbewohner verspotteten den alten Mann und behaupteten, er hätte das Pferd verkaufen sollen, bevor es gestohlen wurde. Der weise alte Mann antwortete: "Alles, was wir wissen, ist, dass das Pferd weg ist. Wir können nicht sagen, ob das gut oder schlecht ist."

Zwei Wochen später kehrte das Pferd mit einer Gruppe wilder Pferde zurück. Die Stadtbewohner änderten ihre Meinung und lobten das Glück des alten Mannes. Er erinnerte sie daran: "Wir können nicht vorhersagen, ob das gut oder schlecht ist. Das Leben kommt in Fragmenten."

Der Sohn des alten Mannes begann damit, die wilden Pferde zu zähmen, verletzte sich jedoch dabei am Bein und hinkte fortan. Die Stadtbewohner betrachteten es als Unglück, aber der alte Mann blieb neutral. Als Krieg ausbrach und alle jungen Männer eingezogen wurden, blieb der Sohn des alten Mannes aufgrund seiner Verletzung verschont.

Die Stadtbewohner trauerten um ihre Kinder, die in den Krieg zogen, und erkannten die Weisheit des alten Mannes an. Der alte Mann erinnerte sie daran: "Wir dürfen die Fragmentierung des Lebens nicht beurteilen. Das Beurteilen stoppt unser Wachstum."

It Ferhaal fan in Wize âld man

Yn in beskieden doarp wenne ienkear in earme âlde man dy't in prachtich wyt hynder besiet. Eltsenien dy't it seach, ynklusyf neisteande keningen, wiene jaloersk op him. Sy biede him rykdom oan foar it hynder, mar de âlde man wie it der net mei iens.

"Foar my is dit hynder in freon, net inkeld in bist. Hoe kin ik in freon ferkeapje?" sei er.

Op in dei wie it hynder fuort. De doarpsbewenners seagen de âlde man en seinen dat er it hynder ferkeapje moatten hie foardat it stellen waard. De wize âld man antwurde: "Alles wat wy witte is dat it hynder der net is. Wy kinne net sizze oft dit goed of min is."

Twa wiken letter kaam it hynder werom mei in groep wylde hynders. De doarpsbewenners feroaren har toan en priizgjen it lok fan 'e âld man. Hy herinnere harren der oan: "Wy kinne net foarsizze oft dit goed of min is. Libben komt yn stikjes."

De soan fan 'e âlde man begûn de wylde hynders nuet te meitsjen, mar ferwûne syn skonk, sadat er strampeljend rûn rinne moast. De doarpsbewenners achten it in ûngelok, mar de âlde man bleau neutraal. Doe't der kriich útbruts en alle jonge manlju warskôge waarden, waard de soan fan 'e âlde man rêden troch syn ferwûning.

De doarpsbewenners wiene drôvich om de ôfreis fan harren bern en seagen de wiisheid fan 'e âlde man yn. De âlde man herinnere harren der oan: "Wy moatte net oardielje oer libbensstikjes. Oardieljen stopt ús groei."

Später!

Max war ein sorgloser Junge, der alles nach seiner eigenen Art tat. Er aß, spielte und schlief, wann er wollte. Wenn seine Mutter ihn bat, aufzuräumen oder zum Essen zu kommen, schrie er "Später!" und setzte seine Aktivitäten fort.

Eines Tages kam Max spät und müde nach dem Spielen mit seinen Freunden nach Hause. Seine Mutter bat ihn, das Durcheinander aufzuräumen, das er beim Naschen und Videospielen gemacht hatte. Verärgert schrie Max "Später!" und seine Mutter räumte für ihn auf.

Am nächsten Tag konfrontierte Max's Mutter ihn damit, dass er in der Schule betrogen hatte. Verärgert schrie Max "Später!" und stürmte in sein Zimmer. In dieser Nacht beschloss er, alles auf seine eigene Art und Weise zu tun, selbst wenn es bedeutete, zu betrügen.

Am folgenden Morgen fand Max sich allein im Haus wieder. Seine Mutter war nicht aufzufinden und auch seine Freunde waren verschwunden. Er zuckte mit den Schultern und ging weiter. Am nächsten Tag war Max immer noch allein und begann sich zu sorgen. Er suchte nach seiner Mutter und seinen Freunden, fand aber keine Spur von ihnen.

Max fühlte sich hoffnungslos und entschuldigte sich dafür, dass er alle weggezaubert hatte, und wünschte sich, dass alles wieder normal wäre. Am nächsten Morgen wachte er auf und fand seine Mutter zu Hause vor und alles war wieder normal. Als sie ihn bat, sich für die Schule bereit zu machen, wollte er fast sagen "Später!", hielt sich aber zurück und stimmte zu, es sofort zu tun.

Letter!

Max wie in soargleas jonkje dy't dingen op syn eigen wize die. Hy ite, boarte en slepte wannear't er woe. As syn mem him frege om op te romjen of foar iten te kommen, rôp er "letter!" en gie troch mei syn aktiviteiten.

Op in dei kaam Max let en wurch thús nei't er mei syn freonen boarte hie. Syn mem frege him om de rommel op te romjen dy't er makke hie wylst er snobbe en fideogames spile. Yrritearre, rôp Max "letter!" en syn mem romme op foar him.

De oare dei Max syn mem konfrontearre him oer it ôfsjen op skoalle. Oerstjoer, rôp Max "letter!" en stoarmde ôf nei syn keamer. Dy nacht besleat er om alles op syn eigen wize te dwaan, ek al betsjutte dat ôfsjen.

De folgjende moarns fûn Max himsels allinne yn it hûs. Syn mem wie nearne te finen, en syn freonen ek net. Hy helle syn skouders op en gie troch mei syn dei. De oare dei, noch hieltyd allinne, begûn Max him soargen te meitsjen. Hy socht syn mem en freonen mar fûn gjin spoar fan har.

Mei in hopeleas gefoel, ferûntskuldige Max foar it winskjen fan elkenien fuort en winske dat alles werom nei normaal gie. De oare moarns waard er wekker en fûn syn mem thús, en alles wie wer sa't it wie. Doe't sy frege om him klear te meitsjen foar skoalle, sei er hast "letter!" mar betwong himsels en wie it dermei iens om it fuortendaliks te dwaan.

Ein Vertrag mit dem Teufel

In York war ein Mann namens Edward von Magie und Alchemie fasziniert. Seine Studien führten ihn dazu, den Teufel zu beschwören, der ihm mächtige Magie anbot, im Austausch gegen Edwards Seele bei dessen Besuch in Rom. Edward stimmte zu, hatte jedoch heimlich keine Absicht, Rom zu besuchen.

Mit Hilfe des Teufels führte Edward magische Taten zum Wohl der Allgemeinheit aus, wurde berühmt und half sogar dem König. Der Teufel, der erwartet hatte, dass Edward seine Kräfte für das Böse nutzen würde, wurde ungeduldig, als Jahre vergingen, ohne dass Edward nach Rom ging.

Um Edwards Seele zu erlangen, entwickelte der Teufel einen Plan. Er verkleidete sich als Bauer und überredete Edward, ihm bei der Heilung seiner "kranken Mutter" in einer nahegelegenen Gaststätte namens Rom zu helfen. Beim Betreten offenbarte der Teufel die Täuschung und erklärte, dass die Bedingung des Vertrags erfüllt sei.

Vor Angst betete Edward intensiv und schwächte damit den Griff des Teufels. Im darauffolgenden Kampf fiel Edward versehentlich auf den Mond. Legende besagt, dass Edward dort oben bleibt und über sein Land und seine Menschen wacht.

In Kontrakt mei de Duvel

Yn York wie in man neamd Edward, dy't fassinearre wie troch magy en alkemy. Syn stúdzjes lieden him ta it oproppen fan 'e Duvel, dy't oanbean om machtige magy te leverjen yn ruil foar Edwards siel as er Rome besocht. Edward gie akkoart, mar hie temûk gjin doel om Rome te besykjen.

Mei help fan 'e Duvel, die Edward magyske dieden foar it grutte goed, waard bekend en holp sels de kening. De Duvel, dy't ferwachte dat Edward syn krêften foar it kwea brûkte, waard ûngeduldich as jierren foarby giene sûnder dat Edward nei Rome gie.

Om Edwards siel op te easkjen, betocht de Duvel in plan. Hy ferklaaide himsels as in boer en oerhelle Edward om syn "sike mem" te helpen genêzen yn in neistlizzend herberch neamd Rome. By it yngean makke de Duvel de mislieding dúdlik en sei dat de betingst fan it kontrakt foldien wie.

Ferheard, begûn Edward te bidden, wêrtroch't de Duvel syn grip op him ferweak. Yn it gefjocht dat ûntstie, liet de Duvel Edward by ûnlok op 'e moanne falle. De leginde seit dat Edward dêr noch hieltyd is en oer syn lân en syn minsken wekket fan boppen.

Eine Schöne Blüte

An einem dunklen, regnerischen Tag spazierte Sophie durch den Park in der Nähe ihres Hauses und träumte davon, England für einen aufregenderen Ort zu verlassen. Als sie sich den trostlosen Park ansah, bemerkte sie eine alte Dame namens Penelope, die zwischen den Bäumen hin und her ging und etwas verstecktes tat.

Neugierig näherte sich Sophie Penelope, die ihr eine atemberaubende Haarpracht aus Blumen zeigte. Penelope erklärte, dass sie ein traditionelles philippinisches Festival für die in Großbritannien ansässigen philippinischen Familien organisierte. Sie bat Sophie, ihr bei den Vorbereitungen zu helfen, da ihr Name, der "eine schöne Blüte" bedeutet, perfekt zu der Rolle passte.

Zusammen bereiteten sie das Festival vor, und bald kamen eine Gruppe bunt gekleideter Menschen an. Unter ihnen waren acht Frauen als Engel gekleidet, die jeweils etwas Schönes in der Welt repräsentierten. Das Festival war lebhaft, voller Singen und Tanzen, und Sophie fühlte sich Teil von etwas Besonderem.

Nachdem sie versprochen hatte, am nächsten Tag zurückzukehren, eilte Sophie nach Hause und teilte ihre Erfahrungen mit ihrer Mutter. Sie begann zu erkennen, dass England doch nicht so schlecht war, da es Heimat für Menschen aus der ganzen Welt war, die alle ihre einzigartigen Traditionen und Feiern mitbrachten.

In Moaie Blom

Op in tsjustere, reinige dei rûn Sophie troch it park njonken har hûs, weidrôvend oer it ferlitten fan Ingelân foar in spannender plak. Doe't sy om har hinne seach yn it tryste park, seach sy in âlde frou, Penelope, tusken beammen bewege en soarchje foar wat ferburgen wie.

Nijsgjirrich stapte Sophie op Penelope ôf, dy't in prachtich hier toande, makke fan blommen. Penelope fertelde dat sy in tradisjoneel Filipynsk feest organisearre foar de Filipynske famyljes dy't har yn it Feriene Keninkryk nei wenjen set hienen. Sy frege Sophie om har te helpen mei de tariedings, om't har namme, wat "in moaie blom" betsjut, perfekt paste by de rol.

Tegearre makken sy alles klear foar it feest, en al gau kaam der in groep kleurrike klaaide minsken. Ûnder har wiene acht froulju klaaid as ingels, elts bylde eat moais yn 'e wrâld út. It feest wie libben, fol sjongen en dûnsjen, en Sophie fielde har diel fan wat bysûnders.

Nei't sy tasein hie de oare dei werom te kommen, gie Sophie fluch nei hûs en die har mem fertelle oer har ûnderfining. Sy begûn te sjen dat Ingelân net sa min wie, om't it de thús wie foar minsken fan oeral yn 'e wrâld, elts mei harren unike tradysjes en fieringen.

Das Ende der Welt

Elijah war in unzähligen Geschichten der kluge Narr der Stadt. Eines Tages hatte er eine ausgewachsene Ziege und seine Nachbarn näherten sich ihm.

„Elijah, deine Ziege ist prall. Lass uns an den Flussufern gehen und ein Fest vorbereiten!"

„Ich bin mir nicht sicher", antwortete Elijah.

„Aber Elijah, weißt du nicht? Die Welt endet morgen!"

„Ach so? Na gut dann."

So brachten sie die Ziege an die Flussufer und Elijah schlachtete und bereitete sie zu. Während er arbeitete, beschlossen seine Freunde im Fluss zu schwimmen.

Nach einer Weile verbreitete sich der Duft des gekochten Fleisches durch die Luft. Die Freunde kamen aus dem Wasser.

„Elijah, das Essen riecht wunderbar, aber wo sind unsere Kleider?"

„Ich habe sie benutzt, um das Feuer anzufachen."

„Du hast unsere Kleider verbrannt, um die Ziege zu kochen!"

„Ja", sagte Elijah. „Warum sorgen? Die Welt endet morgen sowieso."

De Ein fan 'e Wrâld

Elijah stie bekend as de wize gek fan it doarp yn talrike ferhalen troch de krite. Op in dei hie er in folwoeksen geit, en syn buorlju kamen by him.

"Elijah, dyn geit is rom. Lit ús nei de rivierkant gean en in feestmiel hawwe!"

"Ik bin net wis," sei Elijah.

"Mar Elijah, witst dat net? De wrâld einiget moarn!"

"Is it sa? No goed dan."

Dus naam se de geit mei nei de rivierkant, en Elijah slachte it en makke it klear. Syn freonen besletten te swimmen yn 'e rivier wylst er oan it wurk wie.

Nei in skoftke rekke de geur fan it briede fleis har noasters. De freonen kamen út it wetter.

"Elijah, it iten rûkt goed, mar wêr binne ús klean?"

"Ik haw se brûkt om it fjoer te krijen."

"Dû hast ús klean ferbaarnd om de geit te sieden!"

"Ja," sei Elijah. "Wêrom makkest dy soargen? De wrâld einiget moarn ommers."

Eine Lange Schlaf

Es war einmal in einem fernen Königreich, in dem ein freundlicher König und eine Königin regierten. Ihnen fehlte nur ein Kind, um ihr Glück vollkommen zu machen. Im Frühling wurde ihr Wunsch erfüllt, als eine Tochter namens Lila geboren wurde. Das ganze Königreich feierte und bereitete sich auf die Taufe vor. Alle wichtigen Personen wurden eingeladen, darunter auch die guten Hexen.

Jedoch vergaßen sie, die böse Hexe Malvina einzuladen. Malvina wohnte in den Bergen und war dafür bekannt, die Bewohner der Stadt zu terrorisieren. Während der Taufe schenkten die guten Hexen Lila magische Gaben, wie Schönheit, Anmut und Freundlichkeit. Doch plötzlich erschien Malvina, wütend darüber, nicht eingeladen worden zu sein. Sie verfluchte Lila mit der Vorhersage, dass sie sich an einer Spindel stechen und für immer schlafen würde. Doch eine der guten Hexen milderte den Fluch und verwandelte den ewigen Schlaf in einen hundertjährigen Schlaf.

Um Lila zu schützen, verboten der König und die Königin alle scharfen Gegenstände im Königreich. Doch mit der Zeit geriet der Fluch in Vergessenheit. Eines Tages fand Lila einen versteckten Turm, in dem eine alte Frau Seide spann. Diese alte Frau war in Wirklichkeit Malvina in Verkleidung. Neugierig bat Lila darum, auch einmal zu spinnen, und stach sich dabei an der Spindel. Der Fluch wurde wahr, und Lila fiel in einen tiefen Schlaf, genauso wie alle im Schloss.

Jahre vergingen, und das Schloss wurde von dichtem Gestrüpp verborgen. Eines Tages hörte ein Prinz namens Damien von der schlafenden Prinzessin und wagte sich in den dichten Wald. Er fand das Schloss, stieg zum Turm hinauf und fand die schlafende Lila.

Beeindruckt von ihrer Schönheit, küsste er sie und brach so den Fluch. Das gesamte Schloss erwachte, und der König und die Königin waren Prinz Damien zutiefst dankbar. Lila und Damien verliebten sich ineinander, und alle lebten glücklich und zufrieden bis an ihr Lebensende.

In Lange Sliep

Ienris yn in fier keningryk, hie in mylde kening en keninginne it bewâld oer it lân. It iennichste wat fan har lok ûntbruts, wie in bern. Op in moaie maitiidsdei waard har winsk wierheid en waard in famke, Lila, berne. It keningryk fiere feest en wie dwaande mei de doop fan it famke. Elts wichtich persoan waard útnûge, ynklusyf de goede tsjoensters.

Mar sy fergeaten de kweade tsjoenster, Malvina, út te nûgjen. Malvina wenne yn 'e bergen en wie bekend foar it bang meitsjen fan de doarpsbewenners. Yn 'e doop joech de goede tsjoensters magyske geskinken oan Lila, lykas kreazens, elegânsje en goedens. Ynienen ferskynde Malvina, lilk oer har útsluting. Sy ferflokte Lila mei in tsjoen, dat sy har finger stutse soe en ivich sliepe soe. Ien fan 'e goede tsjoensters fermildere de flok, en feroare it yn in sliep fan hûndert jier.

De kening en keninginne ferbeaen skerpe objekten om Lila te beskermjen. As tiid ferstruts, waard de flok ferjitten. Op in dei ûntduts Lila in ferburgen toer, dêr't in âlde frou oan it spinnen wie. De frou wie Malvina yn fermomming. Lila frege om te besykjen te spinnen, en doe't sy dat die, stutse sy har finger. De flok waard wierheid en Lila foel yn in djippe sliep. It hiele paleis slepte ek.

As jierren foarby giene, waard it paleis ferskûle troch oergroeiing. Op in dei hearde in prins, Damien, ferhalen oer in sliepende prinses en socht troch it wâld. Hy ûntduts it paleis en klom de toer op dêr't Lila slepte.

Oerweldigd troch har kreazens, tute er har, en bruts de flok. It hiele paleis waard wekker, en de kening en keninginne tankten prins Damien. Lila en Damien waarden fereale, en elkenien libbe noch lang en lokkich.

Gemeinsam wachsen

Tage nach meinem Kampf in der Schule nahm mich Opa mit in seinen Garten. Wir gingen schweigend, während ich einen großen Korb voller Werkzeuge, Essen und einem leeren Glas trug.

Opas Garten war im Vergleich zu den farbenfrohen Beeten um ihn herum ein lebloser Quadrat. Jean, der uns ständig aufzog, schlug vor, dass Opa einfachere Pflanzen anbauen solle. Doch Opa antwortete nur: "Einfachere Pflanzen... Was denn für welche?"

Wir ignorierten unseren Nachbarn und arbeiteten weiter im Garten. Wir lockerten den Boden und sammelten Schnecken. Im Laufe der Zeit fand ich Frieden in unserer täglichen Routine, trotz meiner Schwierigkeiten in der Schule.

Eines Tages entdeckten wir, dass über Nacht eine bemerkenswerte Pflanze gewachsen war. Opa nannte sie ein "Was". Sie war unglaublich lebendig mit federnartigen Blättern und riesigen Blättern, die an ihrem Stiel hingen. Es schien, als würde sie versuchen, davonzuschweben.

Opa band Seile um den Korb und den Stiel des Was. Er drängte mich in den Korb und schnitt den Stiel ab. Das Was hob uns in den Himmel. Wir flogen hoch über die Landschaft, die Flüsse und Felder, die sich weit und breit erstreckten.

Opa erklärte, dass Abstand zu Problemen Perspektive bringt. Mir wurde klar, dass meine Probleme in der Schule nicht unüberwindbar waren. Opa schlug vor, dass wir Schnecken auf die Kinder unten fallen lassen sollten, wie er es während des Krieges getan hatte.

Als ich fragte, wie wir wieder runterkommen würden, sagte Opa, dass wir eine Weile schweben würden und unseren Weg nach Hause finden würden. Ich umarmte ihn und war dankbar für seine Lektion und die Zeit, die wir zusammen verbracht hatten.

Tegearre Groeie

Dagen nei myn fjochtsjen op skoalle naam Pake my mei nei syn tún. It wie in rêstige kuier, en ik droech in grutte koer fol mei ark, iten en in lege pot.

Pake syn tún wie in libbenleas fjouwerkant fergelike mei de kleurrike stikken dêromhinne. Jean, de narjende buorman, ried Pake oan om maklikere gewaaksen te groeien. Pake antwurde: "Groei Wat?"

Wy sloegen ús buorman oer en giene fierder mei it wurkjen yn 'e tún, tún omkeare en slakken sammelje. Mei de tiid fûn ik frede yn ús deistige rûtine, nettsjinsteande myn gefljocht op skoalle.

Op in dei ûntdutsen wy in opmerklike plant dy't oer nacht groeide. Pake neamde it in "Wat." It wie ûngelooflik fleurich, mei blêden as fearren en grutte blêden hingjend oan syn stam. It like as woe it fuortfleane.

Pake bûn touwen om de koer en de stam fan de Wat. Hy sei dat ik yn 'e koer gean moast en knipte de stam. De Wat tilde ús omheech yn 'e loft. Wy stigen heech boppe it lânskip, rivieren en fjilden strekten fier en breed.

Pake lei út dat ôfstân fan problemen perspektyf bringt. Ik seach yn dat myn skoalleproblemen net ûnoerwinlik wiene. Pake stelde foar om slakken op 'e bern ûnder ús te smiten as in grap, krekt as hy die yn 'e kriich.

Doe't ik frege hoe't wy delkomme soenen, sei Pake dat wy in skoftsje driuwe en ús wei nei hûs fine soene. Ik krûpte him, mei tank foar syn les en de tiid dy't wy tegearre trochbrocht hiene.

Schuhe aus Glas

Ashley, auch Ash genannt, lebte mit ihrer Stiefmutter und Stiefschwestern, die feine Kleider trugen, während sie selbst nur Lumpen hatte. Sie war freundlich, im Gegensatz zu ihren egoistischen Stiefschwestern.

Eines Tages kam eine Einladung zu einem königlichen Ball. Ashs Stiefmutter verbot ihr, daran teilzunehmen. Traurig besuchte Ash ihre Fee, die ihre Kleider verwandelte, einen Kürbis in eine Kutsche verwandelte und ihr Schuhe aus Glas gab.

Auf dem Ball bewunderte der Prinz Ashs Freundlichkeit. Sie tanzten, bis Mitternacht nahte, was Ash dazu veranlasste, zu fliehen und einen Schuh aus Glas zurückzulassen. Der Prinz versuchte, den Schuh an jedem Mädchen auszuprobieren, bis er schließlich zu Ash passte.

Das Paar heiratete und alle genossen die Hochzeit, außer Ashs Stiefmutter und Stiefschwestern. Ash und der Prinz lebten glücklich bis ans Ende ihrer Tage.

Skuon Makke fan Glês

Ashley, mei de bynamme Ash, wenne mei har styfmem en styfsusters dy't moaie klean droegen wylst sy lompen oan hie. Sy wie goedhertich, yn tsjinstelling ta har egoïstyske styfsusters.

Op in dei kaam der in útnûging foar in keninginnebal. Ash har stiefmem ferbea har om te gean. Trystich besocht, waard Ash besocht troch har fee-âldmuoike, dy't har klean feroare, in pompoen yn in koets feroare, en har glêzen skuon joech.

Op it bal, bewûndere de prins Ash har goedens. Sy dûnsen oant midnacht der oankaam, wat Ash ta flechtsjen brocht en in glêzen skoech efterliet. De prins passe de skoech op elts famke, en fûn úteinlik dat it Ash perfekt paste.

It pear boaske, en elkenien genoat fan 'e brulloft útsein Ash har styfmem en styfsusters. Ash en de prins libben noch lang en lokkich.

Ameise und Elefant

Talik ist ein Spiel, bei dem ein Team einen Token in der Hand eines Spielers unter einem Tuch versteckt und das andere Team erraten muss, wo er ist.

Ameise und Elefant waren gute Freunde und liebten es zusammen zu spielen. Elefants strenger Vater war jedoch dagegen, dass sie spielten, wenn Arbeit zu erledigen war oder wenn Elefant bei seinen eigenen Leuten sein sollte.

Elefant fürchtete sich vor dem Zorn seines Vaters, aber Ameise war mutig und hatte keine Angst vor dem grummeligen Elternteil.

Eines Tages, als sie Talik spielten, hörten sie Elefants wütenden Vater kommen. Die Erde bebte, und Bäume bewegten sich.

"Mein Vater kommt!" rief Elefant erschrocken aus. "Was soll ich tun?"

Ameise stand selbstbewusst da. "Keine Sorge, mein Freund, versteck dich hinter mir, und dein Vater wird dich nicht finden!"

Miammel & Oaljefant

Talik is in spultsje wêrby ien tiim in muntstik ferstoppet yn 'e hân fan in spiler ûnder in doek, en it oare tiim moat riede wêr't it is.

Miammel en Oaljefant wiene goede freonen dy't it nolfikfûnen om tegearre te boartsjen. Mar Oaljefant syn strange heit wie it der net mei iens as se boarten as der wurk te dwaan wie of as Oaljefant by syn eigen soarte wêze moast.

Oaljefant wie benaud foar syn heit syn lilkens, mar Miammel wie dapper en net benaud foar de gnoarrige âlde man.

Op in dei, wylst sy Talik spilen, hearden se Oaljefant syn lilke heit oankommen. De ierde skodde, en beammen bewege.

"Us heit komt!" rôp Oaljefant, ferskrikke. "Wat moat ik dwaan?"

Ant stie moedich rjocht oerein. "Gjin soargen, myn freon, ferstop dy efter my, en dyn heit sil dy net fine!"

Eine neue Anfang

Die junge Leila verließ ihr Zuhause in Teheran, um bei ihren Cousins in London zu leben. Obwohl sie ihre Eltern nicht verlassen wollte, versicherte ihr ihre Mutter, dass sie ein großartiges neues Leben haben und in England neue Freunde finden würde.

Bei ihrer Ankunft fand Leila London anders als erwartet. Sie fühlte sich wie ein Außenseiter und unterschied sich stark von anderen Menschen. Das Wetter war schlecht, und die Leute starrten sie an.

In ihrer neuen Schule fühlte sich Leila allein und unwillkommen. Viele ihrer Klassenkameraden hatten hellere Haare und Augen und wollten keine Freundschaft mit ihr schließen. Aber eines Tages bot ihr ein Junge namens Tom seinen Milchshake an und freundete sich mit ihr an, obwohl er selbst ein Außenseiter war.

Leila und Tom hatten eine tolle Zeit beim Spielen und Geschichten teilen. Bald schlossen sich andere Kinder an und begannen, Leila über ihr Leben in Teheran zu fragen. Als sie alle lachten und voneinander lernten, erkannte Leila, dass Anderssein schön ist.

Mit neugewonnenem Selbstvertrauen umarmte Leila ihr Leben in London und freute sich darauf, ihre Eltern stolz zu machen, wenn sie sich ihr anschlossen.

In Nij Begjin

De jonge Leila ferliet har thús yn Teheran om mei har neven en nichten yn Londen te wenjen. Al woe sy har âlders net efterlitte, har mem stelde har gerêst dat sy in noflik nij libben ha soe en nije freonen meitsje soe yn Ingelân.

By oankomst ûntduts Leila dat Londen oars wie as har ferwachtings. Sy fielde har as in bûtensteander en fielde har ek in soad oarser as oare minsken. It waar wie min, en minsken stoarren nei har.

Op har nije skoalle fielde Leila har allinne en net wolkom. In protte fan har klassegenoaten hiene ljochter hier en eagen en woene gjin freonen wurde mei har. Mar op in dei biede in jonge mei de namme Tom har syn molkeshake oan en freonde him mei har oan, al wie er sels ek in útstjiteling.

Leila en Tom hiene in geweldige tiid mei boartsjen en ferhalen diele. Gau diene oare bern mei en begûnen Leila te freegjen oer har libben yn Teheran. Wylst sy allegear lake en fan elkoar learden, ûntduts Leila dat oars wêze moai is.

Mei nij betrouwen omearme Leila har libben yn Londen en seach út nei it grutsk meitsjen fan har âlders as sy by har kamen.

Die Neugierige Leserin

Arjun hatte wenig Besitztümer: einige Kleider, abgenutzte Schuhe, Stifte und ein altes Buch. Im Jahr 2042 waren Bücher eine Rarität. Arjuns Familie war arm, deshalb hatte er nicht die Sachen wie seine Klassenkameraden, die ihn als seltsam empfanden.

Arjuns Buch war seine Flucht. Er benutzte es als Notizbuch, schrieb seine Gedanken und die Kontaktinformationen seiner Freunde auf. Das Buch war auf Bengalisch geschrieben, das er sprechen, aber nicht lesen konnte. Arjuns Familie war nach Überschwemmungen in Bangladesch nach Großbritannien gezogen, und er wuchs in einem bescheidenen Zuhause auf.

Eines Tages fiel das Internet aus und hinterließ Chaos. Die Menschen waren darauf angewiesen und jetzt funktionierte nichts mehr. Arjuns Buch wurde wertvoll, da es Namen, Adressen und Spielideen enthielt. Er und seine Freunde erkundeten eine staubige alte Bibliothek, in der sie lasen und spielten.

Arjun entdeckte eine englische Version seines Buches namens Matilda und lernte, Bengalisch zu lesen, indem er die beiden verglich. Als das Internet wiederhergestellt wurde, verließen alle die Bibliothek, außer Arjun. Er blieb zurück, begierig darauf, mehr Bücher und Geschichten zu entdecken.

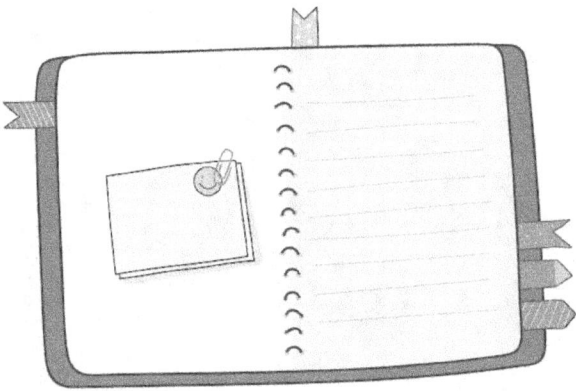

De Nijsgjirrige Lêzer

Arjun hie net in soad op syn namme: wat klean, fersliten skuon, pinnen en in âld boek. Yn 2042 wiene boeken in seldsumheid. Arjuns húshâlding wie earm, dus hie er gjin dingen lykas syn klassegenoaten, dy't him nuver fûnen.

Arjuns boek wie syn ûntkommen. Hy brûkte it as in notysjeboek, dêr't er syn tinzen en de kontaktynformaasje fan syn freonen yn skreau. It boek wie skreaun yn it Bengaals, dat er wol prate mar net lêze koe. Arjuns famylje wie nei Grut-Brittanje ferhúze nei oerstreamings yn Bangladesh en hy groeide op yn in beskieden hûs.

Op in dei krige it ynternet in steuring, en alles rekke yn gaos. Sy wiene der ôfhinklik fan foar alles en no wurke neat mear. Arjuns boek waard weardefol, om't it nammen, adressen en ideeën foar spultsjes hie. Hy en syn freonen ûntdutsen in âlde stoffige biblioteek, dêr't sy lêzen en boarten.

Arjun ûntduts in Ingelske ferzje fan syn boek mei de namme Matilda en learde Bengaals lêzen troch de twa te ferlykjen. Doe't it ynternet wer weromkaam, gie eltsenien út 'e biblioteek wei, útsein Arjun. Hy bleau, benijd nei mear boeken en ferhalen.

Zwei unterschiedliche Brüder

In einer abgelegenen Stadt lebten zwei Brüder namens Ben und Jack. Jack war freundlich und arbeitete hart und leitete die Familienfarm, während Ben faul war und zwischen verschiedenen Jobs wechselte, bevor er die Tochter einer wohlhabenden Witwe heiratete.

Trotz Jacks harter Arbeit schlug das Unglück zu. Seine Ernte fiel aus, seine Frau wurde krank, und vier Kinder erkrankten an Gelbfieber. Verzweifelt bat er Ben um Geld, den dieser unter der Bedingung eines höheren Zinssatzes lieh. Jacks Situation verschlechterte sich, er verlor die Farm an Ben und zog mit seiner Familie in ein kleines Haus am Rande der Stadt. Sie lebten in Armut, während Ben reicher wurde.

Eines Tages besuchte Jack die Hochzeit von Bens Tochter und bat seinen Bruder um Hilfe. Ben warf ihm einen kaum fleischigen Knochen zu. Wütend warf Jack den Knochen versehentlich in den Fluss und fing dabei den Geist der Armut ein. Mit Armut verschwunden, verbesserte sich ihr Glück.

Als Jacks Glück sich besserte, wurde Ben eifersüchtig und forderte ihn auf, das Geheimnis zu enthüllen. Jack erzählte ihm die Geschichte, wie er den Geist der Armut eingefangen hatte. Ben fand den Knochen, um Jack Unglück zu bringen, und entließ dabei die Armut, die nun an ihm klebte. Bens Leben geriet in eine Abwärtsspirale, und er starb schließlich, was seine Familie von den Fesseln der Armut befreite.

Jack und seine Familie genossen ein langes und wohlhabendes Leben voller Liebe und Freude.

Twa Ferskillende Bruorren

Yn in fier fuort doarp wennen twa bruorren neamd Ben en Jack. Jack wie goedhertich en hurd wurkjend, hy soarge foar de famyljepleats, wylst Ben loai wie en gie fan wurk nei wurk foar't er troud waard mei de dochter fan in rike widdo.

Nettsjinsteande Jack syn hurde wurk, kaam ûnlok. Syn gewaaks waarden bedoarn, syn frou waard siik, en fjouwer bern krigen giele koarts. Yn need, frege er Ben om jild, dat Ben liende ûnder de betingst dat er noch mear werombetelje moast. Jack syn situaasje waard slimmer, ferlearen de pleats oan Ben en ferhúze syn famylje nei in lyts hûs oan 'e râne fan it doarp. Sy libben yn earmoed wylst Ben riker waard.

Op in dei gie Jack nei de trouwerij fan Ben syn dochter en frege syn broer om help. Ben smiet him in bonke mei hast gjin fleis. Jack smiet de bonke yn 'e rivier yn lilkens, sûnder te witten dat er de geast fan Earmoed dermei fong. Mei't Earmoed fuort wie, ferbetteren harren situaasje.

Wylst Jack syn lok ta naam, waard Ben jaloersk en easke te witten wat it geheim wie. Jack fertelde it ferhaal fan it fangen fan Earmoed. Ben, mei de hoop Jack ûnlok te bringen, fûn de bonke en liet Earmoed frij, dy't no oan him klibbe. Ben syn libben rûn út op in ramp, en hy stoar úteinlik, en liet syn famylje frij fan Earmoed syn greep.

Jack en syn famylje genoaten in lang en fleurich libben, fol mei leafde en laitsjen.

Die weise alte Dame

In einem Königreich mit einer lieblichen Königin lebte eine weise alte Dame mit ihren vier streitsüchtigen Söhnen und ihren boshaften Frauen. Sie lebten zusammen, aber hatten aufgrund ständiger Streitereien getrennte Küchen. Die alte Dame sehnte sich danach, dass ihre Familie in Einheit und Glück leben würde, daher drohte sie, sie zu vertreiben, wenn sie sich nicht ändern würden. Sie bestand auch darauf, dass sie eine Küche teilen, in der Hoffnung, dass dies sie näher zusammenbringen würde.

Die Söhne gaben ihrer Mutter ihr tägliches Einkommen, da sie arm waren. Eines Tages fand der jüngste Sohn keine Arbeit und brachte eine tote Schlange mit nach Hause. Die Mutter warf sie auf ihr Dach. Inzwischen verlor die Königin ihre Diamantkette an einen Adler, der die Kette später für die Schlange auf dem Dach eintauschte. Die alte Dame entdeckte die Kette und wusste, dass die Königin sie zurückhaben wollte.

Mit dem bevorstehenden Diwali-Fest plante die alte Dame etwas. Sie gab die Kette der Königin zurück, die eine Belohnung anbot, aber die alte Dame bat nur darum, dass ihr Haus für Diwali beleuchtet wird. Die Königin stimmte zu, und in der Diwali-Nacht besuchte die Göttin des Reichtums das wunderschön beleuchtete Haus. Beeindruckt gewährte die Göttin der Familie ihren Wunsch, bei ihnen zu leben, aber nur, wenn sie vereint blieben.

Die Familie stimmte zu, und seitdem lebten sie harmonisch, und der Traum der alten Dame von einem friedlichen Familienleben wurde wahr, als die Göttin des Reichtums ihr Haus segnete.

De Wize Alde Frou

Der wie ris in keninkryk mei in leaflike keninginne, wenne in wize âlde frou mei har fjouwer rûzjende soannen en harren gemiene skoandochters. Sy wennen by elkoar mar hiene allegear eigen keukens troch de oanhâldende arguminten. De âlde frou ferlangde nei har famylje om yn ienriedigens en lok te libjen, dus sy drige har te ferhúzjen as se net feroaren. Sy stie ek op dat sy in keuken diele soene, yn 'e hoop dat it harren tichter byinoar bringe soe.

De soannen joechen harren mem harren deistige fertsjinsten, om't sy earm wienen. Op in dei fûn de jongste soan gjin wurk en brocht in deade slang thús. De mem smiet it op harren dak. Undertusken ferlear de keninginne har diamanten halsketting oan in earn, dy't letter de halsketting wiksele foar de slang op it dak. De âlde frou ûntduts de halsketting en wist dat de keninginne it werom hawwe woe.

Mei it oankommende Diwali-festival betocht de âlde frou in plan. Sy joech de halsketting werom oan de keninginne, dy't in beleaning oanbean, mar de âlde frou frege allinnich oft har hûs foar Diwali opljochte wurde mocht. De keninginne wie it iens, en op Diwali-jûn besocht de rykdomsgoadinne it prachtich ferljochte hûs. Yndruk makke, joech de goadinne de famylje it ferlet om by har te wenjen, mar allinnich as se ienriedich bleaune.

De famylje wie it iens, en sûnt doe libben se yn harmony, en de dream fan 'e âlde frou fan in fredefol famylje libben kaam út mei de segen fan 'e rykdomsgoadinne op har hûs.

Geschichte des Honigtropfens

Es war einmal ein Waldarbeiter und sein Hund, die in den kargen Hügeln eine Höhle entdeckten. In der Höhle fanden sie eine Nische, die mit exquisitem, transparentem Honig gefüllt war. Der Waldarbeiter füllte seine Flasche mit Honig und stieg die Hügel hinunter, wo er sich an einem fremden Ort befand.

In einer nahe gelegenen Stadt traf er auf einen Händler, der Öl verkaufte. Er bot seinen Honig an, vielleicht im Austausch gegen etwas Öl. Der Händler war interessiert. Als der Händler den Honig kostete, fiel ein einziger Tropfen auf den Boden.

Fliegen sammelten sich um den Honig und lockten Vögel an, die sich von ihnen ernährten. Eine Katze, die dem Händler gehörte, sprang auf einen Vogel und tötete ihn. Der Hund des Waldarbeiters tötete dann die Katze.

Außer sich vor Wut trat der Händler den Hund mit einem mächtigen Tritt tot. Der Waldarbeiter, zornig, erstach den Händler. Umstehende eilten herbei und töteten den Waldarbeiter.

Die Nachricht von seinem Tod erreichte seine Heimatstadt. Seine Stadt rächte sich und tötete viele in der fremden Stadt.

Der fremde König erklärte Krieg, und ein großer Konflikt entbrannte.

Jahre des Krieges und der Feindseligkeit zwischen den Ländern folgten, alles wegen eines Tropfens Honig.

It Huning Ferhaal

Eartiids waard in ferhaal dielt, en no diel ik it mei dy... it ferhaal fan de huningdrip.

In boskwachter en syn hûn, heech yn 'e toarre heuvels, ûntdutsen in grot. Yn 'e grot fûnen sy in gat fol mei prachtige, trochskinende huning. Mei syn flesse fol huning, gie de boskwachter de heuvels ôf en kaam yn in frjemd lân.

Yn in doarp dêr't er yn kaam, moete er in keapman dy't oalje ferkeape. Hy boad syn huning oan, miskien foar wat oalje as tsjinprestaasje. De keapman wie nijsgjirrich. Wylst de keapman de huning preau, foel der ien drip op 'e grûn.

Miggen sammelen om de huning hinne, wat fûgels oanluts om harren op te iten. In kat fan 'e keapman sprong op in fûgel en deade him. Doe deade de hûn fan 'e boskwachter de kat.

De keapman, poerlilk, deade de hûn mei in krêftige skop. De boskwachter, lilk, stuts de keapman del. Omstanners kamen derop ôf en fermoarden de boskwachter.

Nijs fan syn dea kaam yn syn thúslân. Syn doarp naam wraak en fermoarde in soad minsken yn it frjemde doarp.

De kening fan it frjemde doarp ferklearre oarloch, en in grutte striid ûntstie.

Jierren fan kriich en fijânskip tusken de lannen folgden, allegearre troch ien drip huning.

Der Wolf und die Reiherin

In einem Wald lebten ein Wolf und eine Reiherin zusammen. Eines Tages lud der Wolf die Reiherin zum Mittagessen ein. "Komm morgen um zwölf Uhr", sagte er.

Die Reiherin besuchte den Wolf am nächsten Tag erfreut. Der Wolf bereitete einen leckeren Eintopf zu und servierte ihn auf einem flachen Teller. Die Reiherin konnte aufgrund ihres langen Schnabels und des flachen Tellers nicht essen.

"Oh, wie schade!", sagte der Wolf und beendete den Eintopf selbst.

Die hungrige Reiherin, die dem Wolf eine Lektion erteilen wollte, lud ihn zu einem Mittagessen zu sich nach Hause ein. Sie bereitete eine leckere Suppe zu und servierte sie in einem langhalsigen Krug.

Der Wolf konnte die Suppe nicht trinken, während die Reiherin sie mühelos mit ihrem Schnabel schlürfte.

"Gleiches Recht für alle!", rief die Reiherin.

Besiegt ging der Wolf nach Hause, mit eingezogenem Schwanz.

De Wolf en de Reager

Yn in wâld wennen in wolf en in reager tegearre. In dei noadige de wolf de reager út foar in miel. "Kom moarn mar om tolve oere," sei er.

De reager, optein, besocht de wolf syn hol de folgjende dei. De wolf hie in smaaklike miel beriedt op in platte panne. De reager koe net ite troch har lange bek en it platte panne.

"Oh, wat spitich!" sei de wolf, en iet it iten sels op.

De hûngerige reager, woe de wolf in leske te learen, noadige him út foar in miel by har thús. Sy makke in noflike sop, opdien yn in langhalzige pot.

De wolf koe it sop net drinke, wylst de reiger it maklik opslokte mei har bek.

"Earlik is earlik!" rôp de reager út.

Ferslein gie de wolf nei hûs, mei de sturt tusken de poaten.

Das verzauberte Gans

Einmal lebte in einer kleinen Stadt ein junger Junge namens Lukas, der in der Werkstatt eines Schusters als Lehrling arbeitete und kaum über die Runden kam. Am Abend lauschte Lukas den Geschichten der Stadtbewohner in der örtlichen Taverne. Er träumte von Abenteuern und Reichtum. Eines Abends hörte er ein Gespräch über eine goldene Gans, die im Keller eines alten Schlosses versteckt war.

Neugierig und entschlossen, machte sich Lukas auf den Weg zum Schloss und fand den Eingang zum Keller. Es war dunkel und nass, aber er setzte seinen Weg fort. Nach Stunden der Suche entdeckte er einen Raum mit einem gewölbten Decke und einem blauen See, in dem die goldene Gans schwamm.

"Hallo, Lukas", sagte sie. "Da du mich gefunden hast, wirst du belohnt. Nimm diesen Beutel mit hundert Goldmünzen. Gib es alles heute aus, ohne es zu teilen, oder du wirst für immer arm sein."

Lukas nahm den Beutel freudig entgegen und verließ den Keller. Die Gänge waren jetzt heller und er erreichte schnell die Oberfläche. Aufgeregt kaufte er feine Kleidung, speiste in einem edlen Restaurant und kaufte ein prächtiges Pferd. Am Abend ging er ins Theater, aber seine Geldbörse blieb halb voll.

Als die Nacht hereinbrach, näherte sich ihm ein alter Bettler in zerschlissener Soldatenkleidung um Hilfe. Lukas zögerte, gab dem Bettler dann aber eine Handvoll Goldmünzen.

Plötzlich erschien ein helles Licht und die goldene Gans sprach: "Du hast meine Bedingungen nicht erfüllt! Du wirst für immer ein armer Schuster sein!"

Lukas lächelte den dankbaren alten Mann an. "Das ist in Ordnung", sagte er. "Wahrhaftiges Glück kommt vom Teilen, nicht vom Horten von Reichtum."

De Betsjoene Guos

Eartiids wie der in jongfeint neamd Lukas dy't yn in lyts plakje wenne. Hy wie learling fan in skuonmakker en koe krekt rûnkomme. Jûns harke Lukas nei de ferhalen fan de doarpsbewenners yn de lokale kroech. Hy dreamde fan aventoer en rykdom. Ien nacht hearde hy in petear oer in gouden guos dy't ferburgen wie yn de kelder fan in âld kastiel.

Nijsgjirrich en beskieden gie Lukas nei it kastiel en fûn de yngong nei de kelder. It wie tsjuster en wiet, mar hy gie fierder. Nei oeren sykjen ûntduts er in keamer mei in bûgend plafond en in blauwe mar dêr't de gouden guos swom.

"A goeie, Lukas," sei it. "As't my fûn hast, wurdst beleanne. Nim dizze pong mei hûndert gouden munten. Jou it hjoed allegear út sûnder te dielen, of dû silst foar ivich earm wêze."

Lukas naam de pong graach en gie fuort. De gongen wienen no ljochter, en hy kaam gau oan 'e oerflakte. Bliid kocht hy moaie klean, iet yn in noflik restaurant en kocht in prachtich hynder. Jûns gie hy nei it teater, mar syn pong wie noch heal fol.

Doe't de nacht falt, kaam der in âlde bidler mei skuorde soldaten klean op him ta om help. Lukas betocht him, en joech de bidler in hânfol gouden munten.

Ynienen ferskynde der in fel ljocht, en de gouden guos sei: "Dû hast mislearre! Dû silst in earme skuonmakker foar ivich wêze!"

Lukas glimke nei de tankbere âlde man. "Dat is goed," sei hy. "Wiere lok komt fan diele, net fan skatten sammelje."

www.ingramcontent.com/pod-product-compliance
Lightning Source LLC
LaVergne TN
LVHW061937070526
838199LV00060B/3858